未 A二DR 古土 | 思想家 |

图说
史前时代到21世纪

A
HISTORY
OF THE
WORLD

Jeremy Black

From prehistory to
the 21st Century

被人类改变和改变人类的10万年

[英] 杰里米·布莱克 著　王喆 骆怡然 译

北京联合出版公司
Beijing United Publishing Co.,Ltd.

致艾伦·纽曼

本书概念得以成形，得益于我多年讲授世界历史的经验，以及受邀前往斯蒂尔曼学院针对相关话题所做的演讲。同时，我要感谢威廉·吉布森和海科·温宁给予的宝贵建议，感谢约翰·图灵从编辑角度给予的协助。我将本书献给老朋友艾伦·纽曼，以纪念我们五十多年的友谊。

目　录

引言

　　变化和延续是人类生活的主旋律，它们相互交织，一如岁序更替、寒来暑往、世代更迭般永不休止。自古以来，人类的所作所为以及鉴古、崇古的文化心理反映出其对环境具有持续的适应能力。这一点在人类社会的运作机制、社会结构及思维方式等方面都有所体现。

上图：历史雕像反映了人类对过去怀有崇敬之心，如这座来自沙勒罗瓦[1]的雕像。

右图：地球上的大部分区域并不适宜人类生存，人类唯有发挥聪明才智适应环境，才能生生不息。

上图：像撒哈拉这类沙漠降雨极少，动植物难以生存，尽管如此，人类依然能够死地求生。

人类需要这种强大的适应力，因为若不借助科技，地球上的大部分地区并不适合人类生存。人类无法凭借自身能力飞翔，也无法在水下生活，而地球上的大部分区域都被水覆盖着。尽管人类可以驾船出海，靠捕鱼和雨水维持生命，但却难以长期生活在水上。地球上的部分水域常年冰封，一旦冬季来临，结冰范围扩大，人类对此无能为力。在北冰洋水域，这种情况尤为突出。

地球上有不少地方要么极寒，要么极热，要么干旱，要么多山……环境恶劣，不宜居住。南极洲面积广袤，天寒地冻，在近代科学考察站建立之前，杳无人迹。直到1911年，挪威极地探险家罗尔德·阿蒙森抵达，成为第一个到达南极点的人。而在 1909 年，美国极地探险家罗伯特 · 皮尔里则是首个成功到达北极点的人。

世界上许多地方的土地贫瘠、植被稀少，动物也寥寥无几，捕食者难成规模。以非洲撒哈拉为代表的沙漠地区，不论是降雨还是土壤都十分贫乏，难以维持大量生命。世界各地都有类似的大沙漠，比如亚洲的戈壁沙漠、南美洲的阿塔卡马沙漠、澳大利亚腹地的吉布森沙漠和辛普森沙漠，以及美国西南部的一些沙漠等。欧洲大陆是个例外，境内一片沙漠都没有。不过，确实有人能适应恶劣的环境，在沙漠中生活。尽管洛杉矶这座大城市人口较少，而且是借助欧文斯山谷的水源发展起来的，但用水问题仍旧突出。

在很长一段时间内，人类大规模改变环境的能力非常有限，除了灌

下图： 1911 年，罗尔德 · 阿蒙森成为第一个到达南极点的人。

溉供水和砍伐树木以外,别无他法。直到19世纪后期,人类发明出具有更大威力的炸药,在阿尔卑斯山开山破石、挖掘隧道,这也是人类大规模改变环境的重要例子。像巴拿马运河那样的伟大工程表明,哪怕进入了现代,人类依然缺乏相应的组织能力。该运河于19世纪80年代动工,最初的建造者是法国人,但直到1914年它才被美国人完工,无数工人在修建过程中染上疟疾和黄热病而死去。直到现在,人类对气候及天气变化的规律依然一知半解,更别提改变它们了。

另外,人类长期面临着人类的群体性属性制造的挑战。人类必须群居,才可以繁衍并保护后代,因为人类婴儿有很长的脆弱期。同狮子这类较为强大的动物竞争,保护同伴免受其害,需要团队协作。农业、战争,以及后续的发展,都需要更高程度的团队协作。一个发展程度较高的人类群体自然而然会同其他人类群体展开竞争,那种认为人类原本喜爱和平,因

生活所迫才好战的观点已被多数人否定。这种观点与其说证据确凿,不如说它是来自《圣经》中伊甸园的遐想以及20世纪60年代至70年代的乌托邦思想。

继而,这种竞争以及由此产生的社会结构塑造了一些规范,指导着人类的设想和行为。人生的目的是什么?如何才能取悦诸神(或上帝)?如何对待邪神和敌人?这些规范常出现在宗教教义和社会习俗中,帮助人们认识环境,特别是帮助他们判断如何以最好的方式在社会中生存。对这些问题的讨论从未有定论,不同的解读引申出五花八门的政治观点和做法,从而让这些问题更有意义。

言归正传,我们继续谈"史前历史"(这个名词

下图:巴拿马运河于1914年竣工。该运河是人类彻底改造周围世界的一个例证。

右图：我们有时无法理解人类在过去适应环境的行为，包括他们是如何理解世界的。未解之谜有很多，比如位于秘鲁的纳斯卡线条[2]。

本身就十分"现代"）。很快，人类便不再受限于去适应环境了，而是开始尝试改变环境，以便满足人类自身的需求，满足人类种植作物和蓄养牲畜的需求。这是一个由资源和空间需求驱动的过程。如何改造环境取决于人类的意识形态，由于信息存储和传输系统的发展（比如文字），这一过程更是加速进行。早期人类族群的迁移活动，比如为追捕猎物进行长途跋涉或季节性迁徙，正是他们渴望获取资源和空间的最好证明。不过，人类不仅改变环境，他们自身也因周遭的环境而改变。比如，生活在日照不足地区的人逐渐演化出浅色皮肤的基因，以帮助人体合成更多的维生素D[3]。因此，在距今大约8000—7000年前，生活在欧洲大陆的人的肤色逐渐变浅，而这一变化最早发生在北欧。

人类并非唯一能适应环境并进行演化的物种，但其在沟通、组织等社会技能上的快速发展，使其在适应环境方面较其他物种表现得尤为出色。从某种意义上来说，自人类成为最成功的哺乳动物开始，历史便进入了现代。尽管鸟类活动范围较大，而且能迅速结队行动，但人类却掌握了支配它们的能力。人类是杂食动物，不像大多数食肉动物或者食草动物那样，受限于单一的食物来源，因而领地超过其他任何一个物种。从史前部落到现代大都市，人类不断扩张，但人类拥有改变自身命运的能力在历史上却一直被低估了。

本书将讨论人类的相关能力及其后果，如果能引发你思考——不仅思考本书中的内容，还能针对自身经历和身边世界进行思考，那便达到了我写这本书的目的。如果你不同意本书观点，请先思考一下原因，然后再阐述你的观点，以便促进理解。

大事年表

表中每个阴影框代表 1000 年

1000 万年前	100 万年前	10 万年前	5 万年前	1 万年前	公元前 2000 年

约700万年前，人类祖先和黑猩猩祖先分化

约31.5万年前，智人出现

约600万年前，早期人科动物开始行走

约 330 万年前有证据表明人类已能使用工具

约240万年前，能人出现

非洲

约 22 万－19 万年前，人类开始走出非洲

约公元前 3300 年埃及出现首个筑墙城镇

约公元前 5000 年谷物培育传播至尼罗河谷地区

约公元前 6500 年北非驯化牛

公元前 2686—前 2181 年，埃及古王国时期

美洲

约 1 万年前人类到达南美洲

约公元前 2500 年秘鲁的苏佩河谷地带出现神庙群

约 14500 年前人类到达了秘鲁北部的瓦卡普里埃塔

约公元前 5000 年中美洲谷物的驯化

约 16000 年前人类跨越白令海峡间的陆桥，抵达美洲

亚洲和大洋洲

约 5 万年前，人类到达澳大利亚

公元前 2300 年印度河流域的哈拉帕、摩亨佐－达罗和卡利班甘成为主要的定居点

约公元前 2800 年印度卡利班甘出现了最早的犁耕

中东

约 23000 年前中东地区开始采集野生谷物

约公元前 2300 年萨尔贡在美索不达米亚南部建立帝国

约公元前 4000 年乌鲁克城邦出现

约公元前 8000 年，美索不达米亚流域诞生农业

欧洲

约 45000 年前，人类抵达欧洲

公元前 4000 年俄罗斯大草原上出现驯养的马匹

公元前 3100 年奥克尼群岛的布罗德盖海角出现定居点

科学文化

15 万－5 万年前，语言发展

约公元前 2700 年古埃及修建金字塔

约公元前 3100 年美索不达米亚苏美尔文明出现文字

约公元前 3500 年美索不达米亚出现了最早的陶轮

公元前 2000 年	公元前 1500 年	公元前 1000 年	公元前 500 年	公元元年	公元 500 年	公元 1000 年

公元前 2040—前 1786 年，埃及中王国时期

公元前 1567—前 1085 年，埃及新王国时期

约公元前800年，炼铁技术首次在撒哈拉以南非洲出现

639年，阿拉伯人攻占埃及

公元前30年，埃及沦为罗马的行省

公元前 100—公元 600 年，阿克苏姆帝国成为地跨厄立特里亚和埃塞俄比亚的贸易强国

公元前 900 年，查文文化诞生于秘鲁

公元前 1150 年，奥尔梅克文明兴起

约公元前 450 年墨西哥瓦哈卡的蒙特阿尔班城兴起

约公元前 200 年，纳斯卡线条被雕刻在秘鲁南部沙漠的表面

986年"红发埃里克"开启了维京人在格陵兰的定居之路

约 400 年，特奥蒂瓦坎城内出现密集的建筑物

约公元元年—公元 600 年，莫切文化兴盛于安第斯山

约 750 年，奇琴伊察成为玛雅的一个重要城市

约公元前 200 年，波利尼西亚人开始在太平洋岛上定居

公元前 322 年，旃陀罗笈多·孔雀起兵推翻难陀王朝

公元前 206 年，中国汉朝建立

公元前 261—前 260 年，羯陵伽之战

公元前 210—前 209 年，匈奴联盟统一蒙古

约 650 年，复活节岛居民开始建造宗教石台

700 年，新西兰开始有定居点

公元前 1600—前 1046 年，中国商朝

公元前 935 年，新亚述帝国建立

公元前 331 年，亚历山大大帝在高加米拉战役中击败波斯帝国

公元前 612 年，米底联合巴比伦攻破亚述首都尼尼微

约 420—530 年，波斯境内建筑戈尔甘长城防御工事

公元前 1500—前 1300 年，米坦尼帝国

公元前 1600—前 1178 年，赫梯帝国

公元前 539 年，居鲁士大帝征服巴比伦

公元前 550 年，居鲁士大帝建立波斯帝国

750 年，阿拔斯王朝推翻倭马亚王朝

公元前 1100 年，希腊迈锡尼文明覆灭

312 年，君士坦丁一世改信基督教

732 年，普瓦提埃之战

793 年，维京掠夺者进攻林迪斯法恩的修道院

公元前 753 年，传说罗慕路斯和雷穆斯两兄弟建立了罗马城

公元前 44 年，恺撒被刺杀

9 年，条顿堡森林战役

476 年，西罗马帝国最后一任君主被废黜

843 年，查理曼大帝的孙子们根据《凡尔登条约》瓜分了帝国

955 年，德意志国王奥托一世在莱奇菲尔德击败马扎尔人

公元前 1600 年，迈锡尼成为地中海强国

公元前 480 年，萨拉米斯战役

公元前 432 年，雅典帕特农神庙竣工

约 322 年，中国已有马镫

约 904 年中国已知使用火药武器最早的记录

约公元前 530—前 400 年，希腊戏剧发展。这个时期的主要剧作家有埃斯库罗斯、欧里庇德斯和索福克勒斯

大事年表

| | 1000 | 1100 | 1200 | 1300 | 1400 | 1500 | 1600 | 1700 | 1800 |

非洲

1250 年，马穆鲁克人推翻埃及的阿尤布王朝

1498 年，葡萄牙人开始在莫桑比克进行贸易

1578 年，葡萄牙军队在摩洛哥遭遇失败

约 1000 年，大津巴布韦的石墙开始动工

1517 年，奥斯曼人征服埃及

1562 年，塞西－丁吉尔成为埃塞俄比亚的国王

约 1100 年，廷巴克图的建设初步成形

1324 年，马里帝国国王曼萨·穆萨前往麦加朝圣

1591 年，摩洛哥军队在汤迪比战役中打败桑海帝国

美洲

约 1200 年，印加人定居在库斯科附近的安第斯山谷

1492 年，哥伦布抵达西印度群岛

1519－1521 年，西班牙征服阿兹特克帝国

1775 年，美国独立战争开始

约 1000 年，维京人的小型定居点在纽芬兰建立

1224 年，奇琴伊察城邦被推翻

1531－1535 年，西班牙人征服印加帝国

1607 年，英国人前往弗吉尼亚永久定居

1050 年，密西西比河流域兴建大型土丘

1325 年，特诺奇蒂特兰建立

1536 年，曼科·印加起兵反抗西班牙军队，并在比尔卡班巴建国继续抵抗

1572 年，印加的最后一任统治者图帕克·阿马鲁去世

1539－1542 年，埃尔南多·德·索托的探险队深入密西西比流域

1756－1763 年，七年战争

亚洲和大洋洲

1405－1433 年，郑和率领中国的宝船舰队进行跨越印度洋的探险

1757 年，英国军队在普拉西战役中获胜，确立东印度公司对孟加拉地区的统治

1206 年，蒙古帝国建立

1361 年，帖木儿在中亚建立了帝国

1467－1477 年，"应仁之乱"，日本进入战国时代

1227 年，成吉思汗去世

1603 年，日本进入德川幕府统治时期

1639 年，日本将葡萄牙人驱逐出境

1044 年，在蒲甘创建缅甸的首个王国

1279 年，忽必烈完成蒙古征服中国的霸业

1368 年，明朝建立

1526 年，莫卧儿王朝占领德里

1644 年，满族入关，征服中原

1498 年，瓦斯科·达·伽马率先完成从欧洲到印度的海航

中东

1258 年，蒙古人占领巴格达

1739 年，波斯的纳迪尔沙率军入侵印度北部

1260 年，马穆鲁克士兵在叙利亚击败蒙古侵略者

1401 年，帖木儿洗劫巴格达

欧洲

1453 年，奥斯曼人攻占君士坦丁堡

1618－1648 年，三十年战争

1241 年，蒙古大军入侵东欧

1756－1763 年，七年战争

1066 年，征服者威廉入侵英格兰

1529 年，苏曼大帝围攻维也纳

1789 年，法国大革命爆发

1571 年，奥斯曼军队在勒班托海战遭遇惨败

1683 年，奥斯曼帝国第二次围攻维也纳

科学文化

1517 年，马丁·路德发布《九十五条论纲》，宗教改革开始

1783 年，首次载人热气球飞行实验

约 1041－1048 年，中国发明活字印刷术

1519－1522 年，费迪南·麦哲伦完成了世界上首次环球航行

1543 年，哥白尼发表日心说

1660 年，英国皇家学会成立

1800　　　　　1840　　　　　1880　　　　　1920　　　　　1960　　　　　2000

1918—1919 年，
西班牙流感暴发

2011 年
世界人口达到 70 亿

1929 年，大萧条开始

1869 年，苏伊士运河开通

1954—1962 年，
阿尔及利亚
独立战争

1980 年，
津巴布韦建
立黑人占多
数的统治

1957 年
加纳成为非洲第一个
获得独立的殖民地

1884 年，柏林会议
开启瓜分非洲的狂潮

1994 年
南非取缔种族
隔离

1967 年
尼日利亚爆发比夫拉战争

1807 年，英国禁止奴隶贸易

1913 年，墨西哥革命开始

1962 年，古巴导弹危机

1888 年，巴西废除奴隶制

1941 年，珍珠港遭袭

1821 年，西蒙·玻利瓦尔带领委内瑞拉脱离西班牙的控制，获得独立

1804 年，法属海地获得独立

1861—1865 年，美国南北战争

1876 年，乔治·卡斯特在小巨角河战役被击溃

1788 年，英国在澳大利亚
建立首个定居点

1840—1842 年，第一次鸦片战争

1893 年，新西兰成为第一个
赋予女性选举权的国家

1947 年，印巴分治

1979 年，
苏联入侵
阿富汗

1851—1864 年
太平天国运动

1853 年，美国战舰逼迫日本
打开国门，与西方进行贸易

1911 年
辛亥革命

1949 年
中华人民共和国成立

1795 年，卡米哈米哈一世
统一夏威夷群岛

1950—1953 年，朝鲜战争

1857—1859 年
印度民族大起义

1919 年，中国爆发"五四运动"

1868 年，明治维新——日本
开始迅速推进现代化进程

1931—1945 年，
抗日战争

1946—1950 年，中国解放战争

1955—1975 年，
越南战争

1967 年，六日战争

1948 年，以色列建国

1833 年，大英帝国废除奴隶制

1914—1918 年，第一次世界大战

1848 年，革命浪潮席卷欧洲

1939—1945 年，第二次世界大战

1815 年，拿破仑终
被打败，在维也纳
会议上确定新秩序

1934 年，阿道夫·希特勒
成为德国元首

1989 年
柏林墙倒塌

1936 年
西班牙内战爆发

1991 年
苏联解体

1917 年，俄国革命

1949 年，北约成立

1825 年，第一条客运蒸汽铁路
试车成功

1869 年，美国第一条
横贯大陆的铁路线竣工

1903 年，莱特兄弟
完成首次飞行

1996 年
第一只克隆的哺乳动物诞生

1876 年，电话发明

1961 年
首次载人航天飞行

1989 年
万维网诞生

1844 年，莫尔斯电码首次正式使用

1895 年，无线
电报发明

1928 年，青霉素被发现

1978 年
首例试管婴儿

1979 年，天
花被消灭

1926 年，约翰·罗杰
贝尔德发明电视

1859 年，查尔斯·达尔文出版《物种起源》

1969 年，
人类首次登月

1971 年，
微处理器问世

1922 年
詹姆斯·乔伊斯发表《尤利西斯》

第一章 史前人类
1000万年前—公元前1万年

在英格兰德文郡托贝区的尼安德特洞有早期人类生活过，这个洞穴里遍布钟乳石和石笋，十分壮观。早期人类之所以将其当作庇护所，是因为该洞穴洞口朝东，既向阳又不会被潮湿的西南风侵袭。如今，对于游客和艺术家来说，尼安德特洞可谓是观光胜地和灵感源泉；而在漫长的人类史中，该洞穴见证了人类逐渐适应陆地，还有面对陆地上的机遇和考验的艰难历程。

早期人类

早在人类出现以前，地球及大多数生命已存在多时。岩浆冷却形成地壳时，人类尚未出现；两栖动物通过演化离开原始海洋时，人类尚未出现；地质时代[4]历经多次更迭变换，人类仍未出现。哪怕在恐龙雄霸一时，随后消亡之际，人类依然没有作为第一批演化的哺乳动物出现。最早的

右图：德文郡尼安德特山洞，洞内的最初居民是尼安德特人，随后是石器时代的人类。

爬行类动物出现在大约 3.1 亿年以前，而真正的哺乳动物[5]则在大约 2.2 亿年前才出现，其外形和老鼠、鼩鼱[6]相似。

人类属灵长目（哺乳纲的一个分支），是一种靠母乳喂养幼崽的恒温动物。类似灵长目的生物最早出现在约 6600 万年前，大概与恐龙灭绝的时代同期。而最早的猿则在 2300 万年前才出现。灵长类动物具有得天独厚的优势，它们的脑容量大、四肢灵巧，还有社会特征。它们最初大多栖息于树上，后来凭借惊人的适应能力转移到陆地上生活。由于陆地上植被众多，早期人类不再靠四肢爬行，开始用两条后腿走路。

同时，汗腺功能的进化使人类在活动后能够迅速地散热，从而提升了他们在陆地上生活的机动性，使其能在不同的气候带生活。[7]人类的大

上图：早期人类由猿演化而来，脑容量较大，用双腿行走。

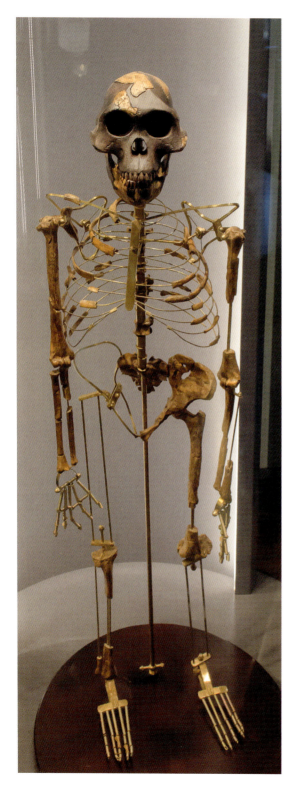

脑皮层面积较大，因而智商较高，这也是其称雄的关键因素之一。另外，高度灵活的双手使得人类不仅能发明工具，还能比其他动物更高效地使用工具。

直立行走是人类演化进程中一次飞跃式的进步。人类的双足狭长，包括大脚趾在内的五根脚趾向前平直伸出，而非弯曲的爪形，这一特征帮助人类维持身体平衡，使之活动更加灵巧。我们可以从非洲出土的化石记录中一窥人类足部的演化历程：在埃塞俄比亚发现的距今 440 万年的始祖地猿（*Ardipithecus ramidus*）化石，是目前已知的最古老且较完整的人族[8]化石，其足部与猿相似；在坦桑尼亚莱托里发现的约 370 万年前类似现代人类的足迹，被认为来自人科的另一个属——南方古猿（*Australopithecus*）。此外，有新证据表明，非洲以外地区也存在人科物种（此处指人类谱系的早期成员），如在希腊和保加利亚发现的部分化石碎片，经分析后确认是距今 720 万年的欧兰猿[9]（*Graecopithecus*），更加佐证了该观点。现代人类正是从这些祖先族群演化而来，最开始是能人（*Homo habilis*），接着是更具人类特征的直立人（*Homo erectus*）、海德堡人（*Homo heidelbergensis*）、尼安德特人（*Homo neanderthalensis*），最后是智人（*Homo sapiens*）。

上图：人类使用工具的历史可追溯至约 330 万年前。图中的石器很像手斧，可以用来制造其他工具。

左图：露西（Lucy）是现存最完整的阿法南方古猿化石，该种古猿也是智人的祖先族群之一。

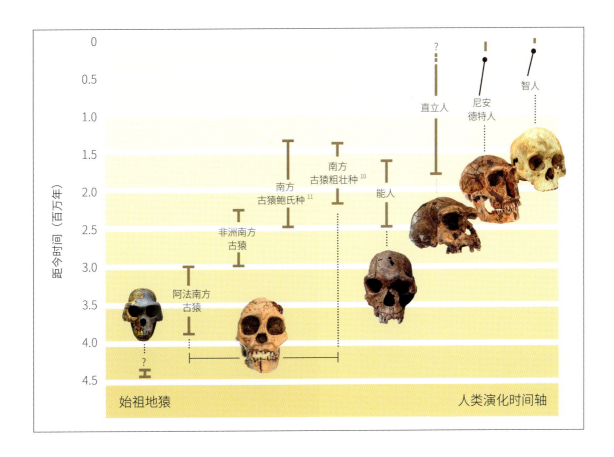

0

0.5

1.0

1.5

2.0

2.5

3.0

3.5

4.0

4.5

距今时间（百万年）

直立人

尼安德特人

智人

南方古猿粗壮种 [10]

南方古猿鲍氏种 [11]

能人

非洲南方古猿

阿法南方古猿

?

?

始祖地猿

人类演化时间轴

考古学的新发现和不断提高的遗传分析水平，让人类起源和迁移的学说有所变化，同时也引起了诸多争议。例如，近年来在希腊克里特岛（早期的克里特与欧亚大陆板块相连，尚未分离成地中海上的一座岛屿）发现了类似人类的脚印。2010年后的分析结果向既定观点发起了挑战。足印大约形成于579万年前，比在非洲坦桑尼亚发现的莱托里脚印还要早约200万年。人们早前认为，人类起源于东非并聚居在那里，后来才向外迁徙至欧洲和亚洲。而这一发现对此观点造成了巨大冲击，即便无法全盘推翻，至少促使有关学者重新界定早期人类向欧亚迁徙的时间。

大约400万年前，气候变化导致大片森林消失。为适应陆地生活，用双脚行走成了早期人类的一个特征。为实现直立行走，人类的双腿需要不断演化，包括获取提速能力、增大步幅、提高灵活性以及支撑躯干。约330万年前，人类双臂的主要功能发生变化：由爬行转为使用工具，这一变化对人类的发展极为重要。人类最初使用的工具很简单，手边的任何东西都可以被当成工具使用，后来才逐渐针对不同用途制作了专门工具。岩石、木材和兽骨是制作工具的基本材料，后来工具材质发生变化：由早期的单一材质逐渐变成复合材质，这一变化不仅使工具更加实用，更展现出了人类优于其他物种的强大适应力。该变化的另一种表现形式是，人类可以使用石器制作其他工具，比如质地坚硬的石头既可以用来当锤子砸开坚果（就像铁砧上的锤子），也可用来打制石矛尖，甚至锤炼金属工具。黑猩猩也能使用石器，但仅限于砸开坚果。人类的聪明才智使得工具的使用拥有无限可能性。

人类起源和迁移

在传统意义上，人类学家认为我们所属的物种——现代智人，起源于非洲（约 31.5 万年前），并在非洲完成了由早期人类向智人的演化。随后，智人向外迁移，取代了当时生活在非洲大陆外的原始人属物种，如直立人和尼安德特人；部分地区偶有混种繁衍的情况发生。但是不同人属物种间的竞争和冲突究竟有多激烈，我们不得而知。不过，通过 DNA 的分析比对发现，现代人类的基因中确实存在尼安德特人的 DNA，这证明了混种繁衍理论并非无稽之谈。

不过，近来一些发现使得"源出非洲"理论被质疑。现今关于人类起源的问题，学者们各执一词、争论不休：一方支持人类单地起源说；另一方支持更复杂的多地起源说，认为基因流动发生在不同地区的人属物种之间。多地起源说认为，世界各地的早期人类各自演化成今天的现代智人，只是在演化过程中，为适应当地环境而产生了明显的地区性差异。

不论是从非洲还是其他区域中心出发，早期智人在迁移过程中见到的地貌和海岸线与现今的世界大相径庭。当时，现在的印度尼西亚并未脱离东南亚大陆，人类通过两地间的陆地完成跨洋迁移；澳大利亚与位于其东南海域的塔斯马尼亚岛同样如此（当时白令海峡尚未形成，美洲大陆与亚洲大陆之间尚存陆桥）。这一时期的人类还不会造船（约 5 万年前才掌握该技能），面对洋流和狂风，只能望洋兴叹。

大约 5 万年前，或许是为了前往澳大利亚，现代智人建造了历史上第一艘船。约 4.5 万年前，智人到达欧洲。至于人类何时到达美洲，争论尤为激烈。主流观点认为：约 3.6 万年前智人从亚洲出发，在冰河时代横跨白令海峡的陆桥，首次抵达美洲。但另一种向北迁移

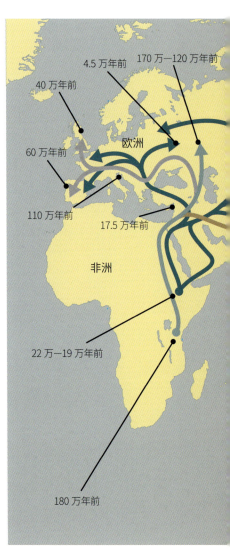

上图：任何精确绘制的人类迁移地图都易造成误导，因为对于出行只能徒步的早期人类来说，距离远非地图所示的那般轻描淡写。

左图：在以色列的米斯利亚洞穴发现的距今 17.5 万年的智人骨碎片化石，正在改写人类离开非洲的大纪年表。

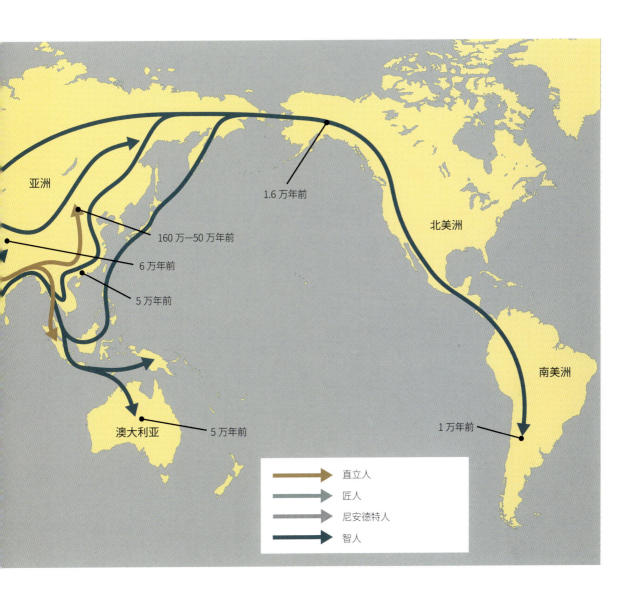

亚洲

1.6 万年前

160 万—50 万年前

6 万年前

5 万年前

北美洲

南美洲

澳大利亚 5 万年前

1 万年前

	直立人
	匠人
	尼安德特人
	智人

的说法却认为，智人是从南美洲迁入北美洲的。不过普遍观点认为，美洲人类的迁移大致是自北向南行进，约在 1.1 万年前抵达中美洲，1 万年前进入南美洲。

接连的新发现将人类迁移的时间进一步提前，这意味着气候变化或许是促使 22 万—19 万年前人类离开非洲的因素之一。2017 年，古生物学家在摩洛哥的岩石中发现了距今约 30 万年的智人遗骸化石，这比普遍认为的直立人向智人演化的时间早了 10 万年。此外，相关学者在以色列的米斯利亚洞穴中也发现了距今 17.5 万年的智人骨碎片化石。同时，洞中其他证据表明当时人类已有控制火种和使用石器的能力。

狩猎和采集的生活

早期人类已是杂食性动物，掌握了狩猎和采集的技能，多样的饮食结构和保障食物来源的技能使他们得以迁至世界各地。随着武器的发展和捕猎技术的改进，他们甚至能追捕乳齿象或者猛犸象这样的大型哺乳动物。公元前10000—前9000年，北美的早期移居者已经能用大型石制矛尖当武器，刺入猛犸象的身体，将其杀死后分食。后来，早期人类还能捕猎其他动物和鱼类以食用。2010年，在美国阿拉斯加州发现了一个墓穴，里面有一具女婴遗骸和另一具死亡时间约在公元前9500年的婴儿遗骸，他们身下铺了一层磨尖的鹿角和武器，身上盖着红赭石。在中美洲，树懒、

乳齿象和大犰狳也是人类的猎物。在欧洲，猛犸象、乳齿象、剑齿虎、巨鹿和披毛犀等大型哺乳动物在同一时期灭绝了。

语言沟通能力和集体组织能力对捕猎至关重要，也是广义上社会发展的组成部分。火的使用对人类的进步意义重大，因为它可以提供保护，比如在洞穴中，人类可以用火驱赶野兽。不仅如此，人类还懂得保留有用的物品以备后需，并掌握了分工完成任务。打制

石片技术[12]日益成熟，其发展随着细石器[13]的出现达到顶峰，燧石制成的细石器可安装在木柄或者骨棒上，用作刀具或者箭头。

公元前10000年左右，末次冰期[14]结束，相较于其他动物，人类由于懂得狩猎而更能应对冰川消退所带来的各种可能性。人类对抗其他食肉动物的能力与日俱增，熊和狼等猛兽渐渐被驱逐到深山丛林中，远离人类的聚居地。

冰河时代末期，全球变暖促使人类进行迁移。由于气候变暖，森林带和野生动物聚集带不断向两极移动，桦树、松树和榛树等耐寒树木被橡树、榆树、桦树和椴树等落叶乔木取代。落叶林中的灌木郁郁葱葱，多样的动植物呈现出一派生机勃勃的景象。在欧洲，马鹿、狍子和野猪向北迁移，这让同样向北迁移的狩猎者有了食物来源。鱼叉和船的发展也帮助了人类获取海味。在一些沿海地区，如日本，对贝类的采集因此增多。为了广泛搜索食物资源，人类几乎踏足全球各地，甚至连沙漠边缘和极地边缘都有人类定居。

人类通过食用猎获的肉类，能够快速获得蛋白质，无须像消化野果、野菜那样费时。或许在8万年前，人类已普遍掌握火的使用方法，用火烹煮食物进一步提高了人类获取能量的效率。尽管生存方式不断进步、生活区域不断扩大，早期人类的数量仍然不多。他们以小群体聚居，掌握了部分生存技能，不过数千年来这些技能的进步意义一直被后人们所考量。

洞穴艺术

显然，狩猎在早期人类社会中至关重要。许多地区的洞穴中都刻有早期人类狩猎场景的岩画，尤其在西班牙。如库瓦德拉维亚[15]洞穴中的岩画描绘了人类持弓箭捕猎牡鹿的场景；阿尔塔米拉洞穴的岩壁上（约公元前34000年）绘有野牛和野猪；库瓦德拉皮莱塔洞穴的岩画中出现了豹群、山羊群和一条大鱼。约公元前6000年，撒哈拉阿杰尔高原[16]居民绘了一幅岩石画，描绘了人类捕猎长颈鹿的场景。考古学家在克什米尔的布扎哈马地区发现了一幅绘于约公元前4300年的岩画，画中描绘了猎人围捕公牛的场景。与此同时，考古学家在早期人类的聚居地还发现了动物骨化石，这些发现都证明了人类已经能使用武器和工具猎杀、切分动物。

第二章　古代世界
公元前 14500—前 1000 年

随着人类社会的发展，人与自然环境的互动越发密切。世界上富饶的河谷地带农业繁荣、粮食富余，伟大的文明应运而生。人类驯养动物用于农耕，同时也用作食物和交通工具。人类构筑起信仰体系，用来解释严酷而神秘的周围环境。

农业的诞生

长久以来，人类学习狩猎和采集并以此为生，这一模式在末次冰期结束时开始发生变化。在新石器时代早期，人类已经学会收割、研磨以

右图：富饶的尼罗河流域是农业诞生的绝佳地。

公元前 14500 年	公元前 4000 年	公元前 2500 年
		公元前 2686—前 2181 年 埃及古王国时期
公元前 14500—前 4000 年 早期秘鲁文明		公元前 2346—前 2159 年 阿卡德王国

及储藏野生谷物用以果腹。多产的野生谷物随处可见，在气候温暖、土壤肥沃的河谷地带尤是如此，比如非洲的尼罗河谷地、尼日尔河谷地以及中东地区，野生谷物极大地丰富了当地人的食物来源。由此开始到人类有意识地培育作物，再到开始农耕活动，经历了漫长的转变期。公元前9000年，叙利亚北部居民已经开始培育大粒谷物，如二粒小麦和单粒小麦等早期品种。有证据显示，公元前8000年，巴勒斯坦的杰里科也种植过同品种的小麦。到公元前7000年前后，耕种已取代狩猎和采集，成为西南亚人的主要生存方式。其他地区也有农业萌芽，主要集中在公元前7000年前后的中国北部和公元前5000年的中美洲。

上图：农作物的种植和动物的驯化使社会更复杂化，这反映在艺术作品中，如埃及卢克索一座墓穴中的这幅创作于公元前11世纪的壁画。

公元前 2000 年	公元前 1500 年	公元前 1000 年	公元前 400 年

公元前 2040—前 1786 年
埃及中王国时期

公元前 1567—前 1085 年
埃及新王国时期

公元前 1600—前 1178 年赫梯帝国

公元前 2350—前 1750 年
哈拉帕文明

公元前 1600—前 1046 年中国商朝

公元前 1500—前 1300 年
米坦尼帝国

公元前 1150—前 400 年奥尔梅克文明

公元前 1500—前 600 年印度吠陀时代

公元前 1800—前 1380 年巴比伦王国

公元前 1900—前 1450 年米诺斯文明

公元前 900—前 200 年查文文化

公元前 935—前 605 年
亚述帝国

公元前 1600—前 1100 年
迈锡尼文明

在不同地区种植特定的作物是人类因地制宜的一大体现。小麦和大麦最早种植在中东地区，逐渐向外传播，约在公元前 5000 年传入埃及；小麦主要被种植在中国北部；水稻集中在中国的长江三角洲和黄河流域；南美洲有玉米、马铃薯、木薯、红辣椒、美洲南瓜和豆类；中美洲有玉米、丝兰和薯蓣；非洲有小米、高粱和薯蓣；新几内亚有芋头。人类能够根据作物对湿度、土地排水能力、温差以及土壤酸度的需求进行相应调整，这充分体现了人类的聪明才智。这些经验不只限于族群内部交流，在族群之间也广为流传。农作物的传播范围极广，如大豆就从中美洲传播到了密西西比河流域和美国的西南部。

作物培育的优势在耕种和粮食储藏上得到了充分体现。野生的单粒小麦的茎秆脆弱易折，很难收割；而人工培育的小麦品种谷粒更大，茎

下图： 新石器时代已经发展出固定的聚落，如奥克尼群岛上的布罗德盖海角。

仪式的兴起

文字出现以前的宗教活动往往难以考究，但可以确信的是，天文知识对宗教活动有着重要影响。例如，巨石阵在盛夏时，太阳会沿着圆形石林的轴线升起。仪式场所可能要耗费数万工时建造，它们是人类大范围组织、参与公共活动的证明。类似的场所遍布世界各地，比如在公元前2600年前后，南美洲安第斯山脉的西海岸已有类似建筑。

上图：建造巨石阵要耗费巨大的人力。由此可见，当时的社会越来越注重仪式。

秆也更结实。早期农民选择高产的品种种植，不仅产量远高于野生品种，收成时间也更容易预测。

通过检测留存至今的微量植物花粉，考古学家发现，作物产量的提高和农业工具的发展共同推动了森林砍伐的进程。

人类在农业发展的过程中习得了诸多新技能。除了耕种和收割所需的技能，人类还掌握了一些专业技能，如将谷物研磨成粉并妥善储存，防止因恶劣天气或者动物破坏而造成损失。大约公元前7000年，石磨成了重要的研磨工具，陶器也被广泛用于储藏和烹煮食物。

由于人口增多以及农耕的需要，人类不得不在某地定居，新石器时代出现了定居点的雏形。这些聚落非常复杂，不单单是简单的住宅。在新石器时代的欧洲（约公元前4000—前2000年），人类会在定居点建造仪式纪念碑、墓穴和"堤突"营地——某种四面围墙的土垒防御工事。奥克尼群岛上的布罗德盖海角有一处建于约公元前3100年的新石器时代遗址，内部的大型建筑被一圈巨大的石墙包围，令人惊叹不已。

农业的繁荣促进了人口增长，但也引发了一些后果。农耕的生活方式导致人类并不健康，早期农民的营养摄入可能还比不上靠狩猎采集为生的祖先。而且，由于人口过多、卫生条件简陋，农业聚落内不时暴发各类疾病。不过，农业发展也带来了富余的粮食，这为工匠、战士、祭司和贵族等精英阶层的发展提供了契机。人类社会因此进一步分化。

驯化动物

人类一边培育作物，一边进行另一项类似的工作——驯化动物。最初，人类是想借此补充打猎和采集之外的食物，但后来发现动物的用途远不止于此。自然环境是导致这一结果的重要因素，不过动物在不同地区的分布以及人类自身演化的影响也不容忽视。公元前 5500 年左右，人类的一次基因突变终结了乳糖不耐症对人体的影响，喝牛奶在一些地区成为常事（但还远谈不上普及，因为乳糖不耐症在远东地区仍广泛存在）。牛奶是人体营养的重要来源之一，自从人类可以饮用牛奶，奶牛、绵羊和山羊不再只是肉畜，

价值也随之提升。同时，家畜的皮毛还是制作衣物、鞋袜的重要原材料。

人类的发展在很大程度上取决于善用各种动物。它们不仅是猎物，更是人类的好盟友或者好奴仆，双方都能从中受益。狗就是最好的例子，它们由狼驯化而来，最初并非被当成宠物，而是负责看家护院或者协助打猎。牲畜常被用来干重活，尤其是搬运货物和

下图：埃及底比斯内巴蒙墓中的壁画，约创作于公元前 1350 年。它反映了古代社会驯化牛的重要性。

上图： 印度河流域的卡利班甘这一证据表明，印度的犁耕始于公元前 2800 年前后。

拉犁耕地，它们帮助人类节省了大量体力。犁取代了手持式的挖掘棒和锄头，被广泛使用，作物因而进一步增产。

大约公元前 8500 年的中东、公元前 6500 年的北非，野牛已被成功驯化。公元前 7000 年前后，更能吃苦耐劳、对环境适应能力更强的山羊成为中东地区的主要家畜。同一时期，另一种健壮的牲畜——猪，被驯化成中国的家畜。虽然牲畜把流感和结核等疾病传染给了人类，但人类通过选择性育种强化了动物的有用特征，这一做法沿用至今。整个欧亚大陆都在养牛，绵羊、山羊和猪的驯化也很普遍；在南

美洲的安第斯山区，主要家畜是羊驼、豚鼠和大羊驼；在北美洲是狗、蜜蜂和火鸡；在东南亚则有白臀野牛；还有喜马拉雅山区的牦牛以及中亚的双峰骆驼；等等。

牛的驯化提升了犁耕的可行性。公元前 2800 年前后，印度河流域的卡利班甘出现了最早的耕地。比起黏土，在轻质或者薄层的土地上犁耕更轻松，尤其是每年洪水过后，土地会因此变得松软肥沃。而动物的粪便可滋养农田，补充土壤在耕作过程中流失的氮元素。推行犁耕后，作物收成增加，人们开始驯化猫用来对付老鼠，从而保护谷仓里的粮食。

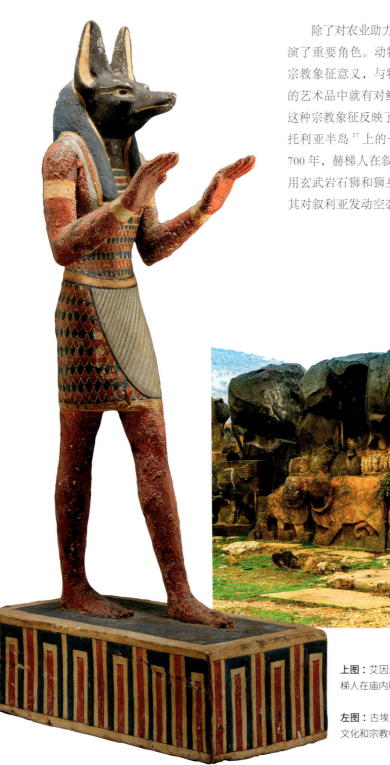

除了对农业助力颇多，动物在文化和宗教领域也扮演了重要角色。动物图案融入艺术创作中，被赋予了宗教象征意义，与特定的神灵联系在一起。埃及现存的艺术品中就有对鳄鱼、猫头鹰和河马等动物的描绘，这种宗教象征反映了人与动物的亲密关系。赫梯是安纳托利亚半岛[17]上的一个古老民族。约公元前1300—前700年，赫梯人在叙利亚西北部修建艾因达拉神庙时，用玄武岩石狮和狮身人面像装饰神庙（但2018年土耳其对叙利亚发动空袭，使其严重损毁）。

上图：艾因达拉神庙约建于公元前1300—前700年，赫梯人在庙内雕刻的石狮像展现了人和动物的亲密关系。

左图：古埃及托勒密王朝时代的阿努比斯木雕。动物在文化和宗教中扮演着重要角色。

我们如何出行：马

早在公元前 4000 年，在俄罗斯南部马就被驯化了。与此同时，欧洲和中东地区也开始役使阉割后的公牛。事实证明，马的用途比牛更灵活，它们既可拉犁拖车、驮运重物；又因善于奔跑，可载人赶路、传递信息，这在国家治理和战事决策中发挥了重要作用。

由于缺乏适宜的环境，马在军事和战术上的运用在许多地区是缺失的（比如美洲和大洋洲等地）。与人类和鸟类不同，马的分布并没有遍及全球。在安第斯山区，大羊驼作为马的替代品承担了部分职能，但它们既不能载人，也不能犁地，难以满足人类的多样化需求，因此实用性有限。在撒哈拉以南非洲的舌蝇分布带，或挪威和喜马拉雅山区，马的优势也难以发挥出来。

在环境适宜的地区，马的使用彻底改变了战争形态，开辟了一片新天地。在埃及、中东和中国，马被用来拉战车，或者驮载弓箭手和重骑兵。人们用辐条轮替代实心轮以减轻车重，并将缰绳连接至马嚼子，以便控制马的行动，这些都大大提升了战车的实用性。

左图：斯基泰骑兵青铜像，塑造于公元前 5 世纪初。马改变了人们的日常和军事生活，让出行和交流变得更快捷。

马镫最早出现于中亚，是提升马匹实用性的一项重要发明。公元前4世纪，斯基泰人[18]已经用上了皮环，尽管当时的皮环仅被用来帮助人们上马。金属马镫更加坚固，使得马上作战更稳当，有利于骑兵在颠簸行进中突击、射击或投掷。中国最早刻有马镫的雕像可追溯到公元322年左右。

除了马镫和马鞍，骑兵还用上了锋利的带刃武器和重装盔甲，因此突击、机动作战和射击都不在话下。19世纪，在新技术（如蒸汽火车）使用和推广之前，马一直是人类提高效率的关键要素，而内燃机的出现，在很大程度上取代了马。

上图：战车和随后出现的骑兵是杀伤力极强的新型武器。这幅浮雕壁画展示了法老拉美西斯二世时期的战车，在其统治期内，埃及的领土大面积扩张。

防御工事的起源

人类最基本的需求就是要时刻保护自己免遭捕食者尖牙利爪的侵害。然而，人类的行为和动物不同，他们对保护的需求常常转变为寻找某个"永久的"住处或"庇护所"。

从这个角度来说，最早的"防御工事"多是些简单的自然地物，人类可以藏身其中或借以增强防御力量，比如洞穴、山脊、茂密的灌木丛和沼泽地，在里面行走的人可以保护自己免遭猛兽袭击。洞穴既能遮风挡雨，又能防止敌人从后方或边路偷袭。在直布罗陀，尼安德特人和早期智人先后都居住过同样的洞穴系统。在非洲，荆棘丛长期被用作栅栏进行防御。

地势平坦的地区由于缺乏足以进行防御的自然地物，所以人工防御工事就发展起来了。

人类学会用石头和泥土修建屏障强化自然防御。他们用火吓退野兽，并在战斗时用火照明。木栅栏既可以保护牲畜，又能防止它们乱跑。木材短缺时，石头或泥土也可用作建材。除了要抵御狼、熊、虎和狮子等猛兽的侵袭，人类还需要提防伺机抢夺牲畜和土地的同类。事实证明，把牲畜圈养在小栅子或堡垒里比放养在大片庄稼地里更便于保护。此外，谷仓和筒仓作为储存农产品的大型建筑，不仅能抵御虫害和恶劣天气，一旦敌人进犯还可当作防守的堡垒。

公元前4000年前后，随着国家的发展，防御工事也日趋复杂。各国既要保护本国资源，又觊觎他国财产，因而冲突不断，大范围的冲突促使人们筑墙用以保卫家园。不过，农业的繁荣带动了社会和国家的发展，进一步促进了富余资源的积累，这为广泛修建防御工事提供了保障，并推动了军队的建立。

右图：洞穴是一种天然防御工事，能保护人类免受恶劣天气和野兽的侵袭。

神之城

士兵阶级的出现只是人类向专业化转变的一个方面，这一转变的前提是农耕后富余粮食的积累。人们在闲暇时间进行思考和创造新事物，多样化的生活方式也随之而来。随着农业的发展，村落越来越大，村落发展成早期城镇，如巴勒斯坦的杰里科和土耳其的恰塔霍裕克，之后城镇进一步发展为城市。城市化进程依赖于能够养活大量人口的农业系统。城市最早诞生于美索不达米亚和其他土地肥沃的河谷地带（详见下节"文明的摇篮"）。那里的城市依靠河水的定期泛滥[19]而生——人们从宗教层面将其解释为神的恩惠。

城市社会始于公元前 4000 年前后，宗教在其中扮演着重要角色。举行公共仪式有利于城市精英建立政治认同，巩固统治权力。最早的城市文明兴起于美索不达米亚：高庙作为塔庙的一部分，被修建在凸起的、由泥砖筑成的层塔之上，是城市的一个制高点，也是古代城市的一个重要特征。祭司们通过占卜了解神的需求，之后在城中的庙宇里下达神意或统治者的要求。身为精英阶层，他们维护统治者的神圣权力，管理着城市的大

上图：这幅复原图展示了建于公元前 4000 年前后的苏美尔乌鲁克古城。塔庙建筑群显示了宗教对于这座城市的重要意义。

部分土地、文献和国家档案，并负责记录生产和储藏产品。

早期城市都有自己的守护神。在美索不达米亚平原，乌鲁克城邦兴起于公元前 4000 年前后。附近的圣城尼普尔是恩利尔的圣地，他是苏美尔万神殿中最受尊敬的神。公元前 2100 年前后，人们为乌尔的统治者建造了第一座神庙。约从公元前 2500 年起，大型庙宇群就出现在今天秘鲁境内的太平洋沿岸河谷的一些地方，比如苏佩河谷。

贸易的诞生

贸易是许多早期城市财富的重要来源，因而长距离海陆贸易网便建立起来了。地中海的一些港口城市在贸易网中担任重要角色，如建于公元前 3000 年的比布鲁斯（今黎巴嫩境内），以及腓尼基人的一些定居点，如贝鲁特、提尔、西顿和迦太基。迪尔蒙（今巴林境内）和拉斯鲁艾斯（今阿曼境内）将地中海世界与东方的航海中心连接起来。亚洲的内陆腹地也遍布贸易城市和殖民地，如在公元前 2500 年前后

兴起于阿姆河畔的城市肖图盖。

在公元前的 1000 年里，长途贸易通过海路越走越远。其中值得一提的是，中国和印度、中东地区建立起贸易关系。香料是当时最有价值的商品之一，它们从印度尼西亚运出，不远万里抵达罗马帝国。在 19 世纪大型蒸汽轮船问世之前，这类高货值、小体积的货物一直是贸易首选。早在公元前 3000 年，商人们已经开始丰富商品的种类。

文明的摇篮

一、古埃及

尼罗河流域肥沃的土壤孕育出世界最早的文明之一。大约公元前 3300 年，埃及开始在尼罗河沿岸建造城镇、修筑城墙，最早兴建起的城市是涅伽达和尼肯（又名希拉康波里）。城市间的地盘争夺战引发了大量泥砖围墙的修筑。最终，上埃及的统治者那尔迈于公元前 3100 年统一全国，成为埃及的第一位法老，即埃及的统治者。臣民们视他为天神下凡。他在尼罗河西岸、三角洲以南修建了都城孟斐斯（距离现今的开罗不远），并在四周筑起泥砖城墙用来防御。统一后的埃及经久不衰，依次经历了古王国时期（公元前 2686—前 2181 年）、中王国时期（公元前 2040—前 1786 年）和新王国时期（公元前 1567—前 1085 年）。

金字塔雄伟壮观，令人叹为观止，是埃及现存最伟大的遗产之一。这些建于公元前 2700 年前后的王室陵墓耗费了大量人力。

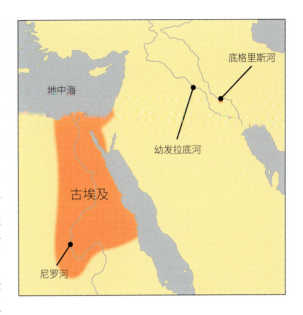

下图：在古埃及的灿烂遗产中，最引人注目的是吉萨大金字塔。

战争之声

阿拜多斯的乌尼（约公元前2375—前2305年），埃及将军，约公元前2350—前2330年在迦南领军作战。他在胜利后创作了一首小诗，描写了他的军队是如何摧毁……

"沙地居民"的土地……

砍倒了无花果树，

斩断了葡萄藤，

纵火烧毁所有房屋，

斩获数万敌军头颅。

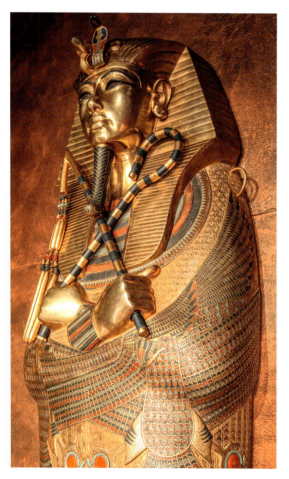

上图：图坦卡蒙的石棺做工极为精细考究，展现了古埃及人为将法老送入来世而煞费苦心。

埃及的雕刻、墓葬遗骸（主要指木乃伊）和象形文字同样令人惊叹。象形文字是古埃及的文字系统，在庙宇的墙壁、墓穴内部和一些莎草纸[21]稿上都有其作为装饰。

与此同时，随着青铜武器（于公元前2000年前后普及）、复合弓和战车的使用，埃及国富兵强，政权稳固。公元前15世纪，为了扩张领地，埃及向米坦尼王国发动战争，欲夺取美索不达米亚西部地区的统治权。约公元前1460年，埃及法老图特摩斯三世在美吉多戏剧性地挫败了叙利亚联军，使这场战争达到了高潮。然而，公元前13世纪，赫梯帝国（小亚细亚地区）崛起并向外扩张，面对强大的威胁，埃及不得不放弃部分属地，赫梯帝国因此确立了其在叙利亚地区的统治地位。约公元前1274年，在与赫梯的争霸战中，埃及法老拉美西斯二世在卡迭石之战中险些战败，战事再次达到顶峰。埃及军队还向南攻占了努比亚地区，但埃及南部边境的冲突从未停歇过。

在新王国时期的后期，埃及大势已去，诸多入侵的外族都占领过埃及：公元前671—前663年，埃及被亚述人占领；公元前525年，波斯帝国皇帝冈比西斯二世攻占埃及；公元前332年，马其顿王国的亚历山大大帝从波斯人手中夺走埃及；亚历山大死后，其部将在埃及建立了托勒密王朝；公元前30年，埃及沦为罗马的领地。此后，埃及不断落入其他帝国政权手中，丧失了独立权。

外交的起源

1887年，埃及出土了一些文件，其中有公元前14世纪中期埃及第十八王朝王室与古代近东[22]国家之间的信件。大国间相互依存的关系从中一览无余，不仅外交范围甚广，还涉及一系列复杂的互动和礼节。互赠礼品，以及通过联姻建立家庭、血缘和亲属关系，都是从根源上建交的方式，这看上去似乎双方平等，颇为理想，但事实并非如此，因为所有的秩序均由埃及一方掌控。

二、美索不达米亚

美索不达米亚是早期城市的发源地。约在公元前 2300 年，萨尔贡一世征服了苏美尔各城邦（位于美索不达米亚南部），并攻占了今叙利亚、土耳其和伊朗的邻近地区，在此建立了人类历史上的第一个军事帝国。约公元前 2150 年，该帝国被邻邦古提王朝攻占，不过占提人的统治非常短暂。随后，乌尔城崛起，在此确立帝国统治。城市四面环墙，并设堡垒防御，城内运河直通幼发拉底河。约公元前 2000 年，乌尔帝国被埃兰（位于今伊朗西南部的城邦国）推翻。后来，在国王汉谟拉比的领导下，古巴比伦王国在此崛起。此外，汉谟拉比还是历史上一位重要的立法者[23]。和此前两河流域的其他大城市一样，巴比伦是当时学术、文化和政治的中心。公元前 1596 年，来势汹汹的赫

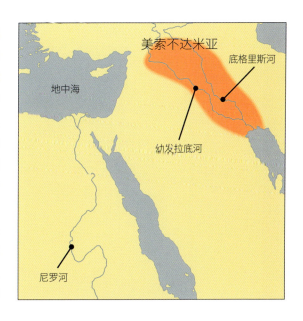

左图：汉谟拉比（约公元前 1792—前 1750 年在位），他制定并颁布了《汉谟拉比法典》，要求臣民严格遵守。

上图：公元前 6 世纪的新巴比伦的世界地图。当时人们将世界描绘成一块被环形河流围绕的圆形陆地。

梯人终结了古巴比伦王国的统治。

其他文明也相继绽放于两河流域。公元前 935 年，新亚述帝国 [24] 建立于今伊拉克北部，在君主纳西尔帕二世（公元前 883—前 859 年在位）的统治下，亚述发展成首个疆域横跨波斯湾和尼罗河的大帝国。作为率先在军事中系统使用铁器并开创骑兵战术的民族，亚述人是令人敬畏的战士和攻城专家。他们崇拜战神阿舒尔，并致力于让更多人崇拜自己的主神。但他们恐怖的统治方式，如大屠杀、酷刑和流放等暴力手段滋生了仇恨，各地战乱不断导致其最终衰败。攻占埃及大伤国力，随后邻邦米底崛起，联合起义的巴比伦于公元前 612 年攻破亚述首都尼尼微。至此，亚述帝国迅速走向灭亡。

三、印度河谷

印度河流域富饶多产，城市文明在此孕育，哈拉帕文明（约公元前 2350—前 1750 年）便诞生于此，并向东部和南部扩展。公元前 2300 年前后，印度河流域那些以墙相隔的聚落相继发展成大城市，如哈拉帕、摩亨佐－达罗和卡利班甘。其中卡利班甘城市面积超过 60 公顷，约有 5 万居民，城市基础设施中已有复杂的排污系统，能有效缩减感染疫病致死的人数。疫病一直是古代城市挥之不去的噩梦，许多城市不得不依赖农村人口的不断迁入。

约自公元前 1500 年起，吠陀时代[25] 的雅利安人占领了印度北部的大部分地区，这一现象或许是导致印度文明衰落的主要原因，尽管环境因素也不容忽视。约公元前 1000 年，旁遮普地区再次出现了设防的定居点。约从公元前 1000 年起，冶铁技术开始在印度传播，宗教信仰也有所发展，大约 400 年后印度教和佛教诞生。

下图：摩亨佐－达罗
约建于公元前 2300 年，是印度河流域最大的聚落之一。

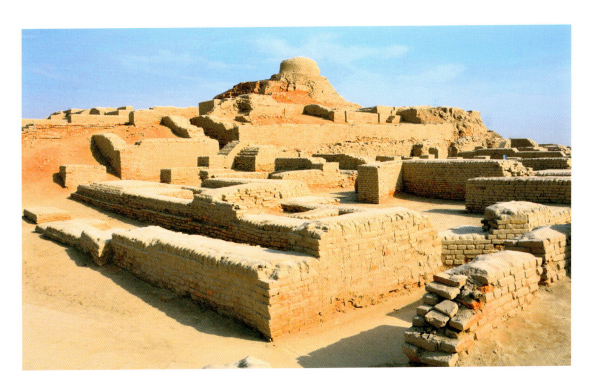

四、中国商朝

商朝依黄河而建，黄河流域肥沃的土地为商朝城市的兴起创造了条件，如殷都（今河南省安阳市）。同时，复杂的文明随之诞生，如文字，它们大多刻于龟甲兽骨上，用以占卜，这表明宗教在商朝文化中占据重要地位。基于农业的繁荣，商朝迈入了青铜时代。此外，商朝人还发明了乐器，观测天文，也会用活人祭祀。

左图： 在中国商朝，人们借用甲骨进行预测，这是一种早期的占卜。

五、秘鲁海岸

与欧亚大陆一样，美洲文明也在蓬勃发展。南美洲的秘鲁海岸就是重要发源地之一，它汇集了各类作物，尤其是玉米，以及太平洋沿岸丰富的海产品。约公元前14500—前4000年，秘鲁北部的瓦卡普里埃塔被占领，海产品是当时主要的食物来源。因为2012年的考古发现表明，该地在公元前4700年前后才开始种植玉米，倒是牛油果可能存在了1.5万年之久。2016年，这里出土了用靛蓝染色的棉织物，距今约6000年，一同出土的还有编织的篮筐和葫芦饰品。公元前2500年前后，秘鲁中部海岸出现了大型神庙群，其中许多是建于查文文化时期（兴盛于公元前900—前200年）和之后的莫切文明时期（公元元年—公元600年）。

太平洋

秘鲁海岸

苏佩河

左图： 公元前900—前200年，查文文化在秘鲁海岸蓬勃发展。

六、中美洲 [26]

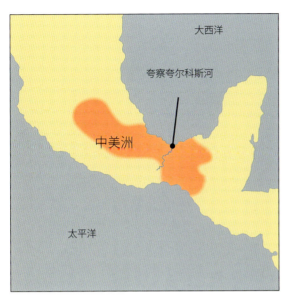

右图：奥尔梅克文明兴起于公元前 1150 年前后，是中美洲已知的最古老文明。

公元前 1150 年前后，奥尔梅克文明兴起于墨西哥湾沿岸，一直持续至公元初年，是中美洲已知的最古老文明。奥尔梅克人善于经商，不仅能建造坚固的住宅，制作石雕和陶瓷，还创造了历法和文字体系。自公元前 400 年起，奥尔梅克文明日渐没落，其他文明方兴未艾，如正在迅速扩张的玛雅文明。早在公元前 1000 年，玛雅人的影响已不容小觑；还有瓦哈卡山谷的萨巴特克人，也创造了高度发达的文明。

阿登纳文化

尽管在北美洲发现了 15000 年前的人类遗址以及公元前 2500 年前后的陶器，但留有土冢和大量土方工程的文明后来才出现在中美洲。疏林时代 [27] 几乎没留下什么值得考古学家研究的遗迹。

约公元前 700—前 400 年，阿登纳文化兴起于俄亥俄河谷上游，并从那里传播到现今美国的东北部。复杂的土方工程遍布该地，这些可能是当时的集会地或埋葬地。约从公元 100 年起，霍普韦尔文化取代阿登纳文化兴盛于密西西比河流域，其以极具特色的动物雕刻而闻名。

右图：密西西比河流域的霍普韦尔文化以其独特的动物雕刻而闻名。

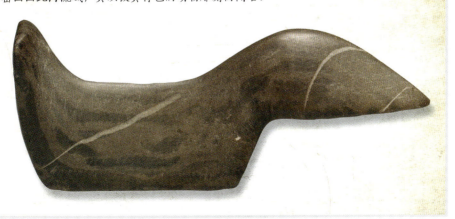

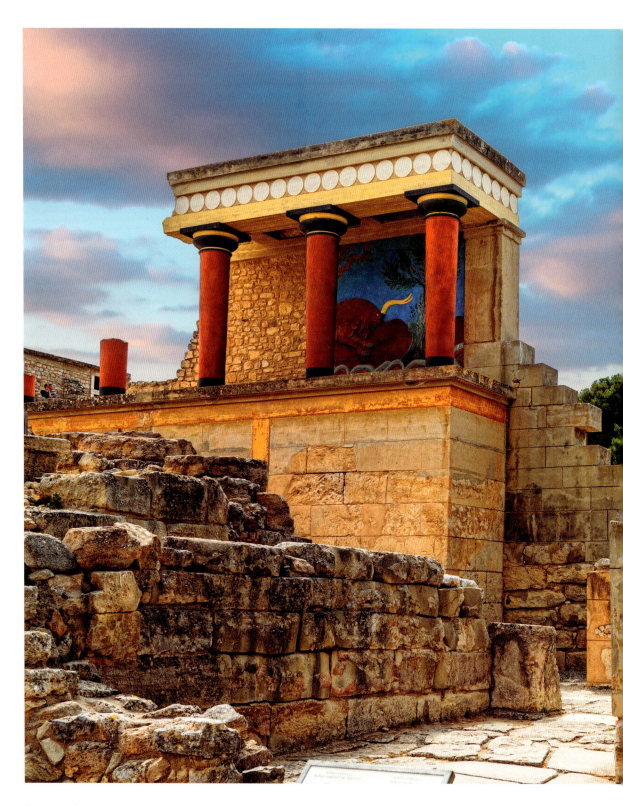

摇篮之外

青铜时代的地中海文明

文明很快传播到（或独自兴起于）主要发源地以外的一些中心。青铜时代的希腊出现了有组织的社会群体，并在地中海进行广泛的贸易，尤其是克里特岛的米诺斯文明和希腊大陆的迈锡尼文明[28]。公元前1900年前后，克里特岛上开始有组织地大兴土木，修建宫殿，但在公元前1450年前后，这些可能被某次火山爆发而摧毁。克诺索斯宫殿遗址的断壁残垣极具规模，正是当时社会复杂性的体现。公元前1550年前后，迈锡尼的势力如日中天，他们控制着阿尔戈斯和科林斯两大港口之间的主要航路。随着米诺斯文明逐渐式微，克里特岛随后被迈锡尼人掌控。

上图： 在迈锡尼古城遗址发现的阿伽门农面具，证明了迈锡尼文明物质丰裕以及艺术技巧精湛。

左图： 克诺索斯宫殿遗址体现了克里特米诺斯文明的高度发达。

荷马以希腊的迈锡尼文明为创作背景，在《伊利亚特》中描写了希腊人远征达达尼尔海峡（属于今土耳其）附近的特洛伊城的故事。虽然这部史诗写的是神话故事，但却独树一帜，因为主角不再限于诸神，人类也有了独立戏份，如阿喀琉斯。之后，荷马在《奥德赛》中以希腊战士奥德修斯战后返乡之旅延续了该故事。奥德修斯一路上遇到了各种妖怪，如独眼巨人波吕斐摩斯和女巫瑟茜。由此可见，希腊人和其他古代民族一样，喜欢在自己构建的世界中加入危险生物。此外，鹰身女妖哈耳庇厄和狮身女怪斯芬克斯也较出名。斯芬克斯会让人猜谜，如若猜不出谜底便将其杀死，最终这个谜题被俄狄浦斯破解。

公元前 1100 年前后，外族的入侵或许是导致迈锡尼文明覆灭的主要原因，由此进一步引发了地中海东部更大范围内的文明瓦解，包括特洛伊、赫梯帝国、叙利亚和迦南的没落。无名外族入侵（有时被称作"海上民族"）、国内叛乱迭起，以及由此引发的一系列国际贸易和政治危机，这些在一定程度上都是文明瓦解的导火索。此外，文明瓦解的间接原因可能是环境危机和铁制武器的流入。铁器的传播意味着在公元前 1100 年前后，青铜时代画上句号，铁器时代正式来临。

下图：在《伊利亚特》中，荷马在描写特洛伊攻城战时模糊了神话和历史的界限，现代对特洛伊之战的处理沿用了这一方式。

发现时间

一些关于空间和时间的理念是基于对人、神关系的理解，它们有助于解释天文观测、天文记录和历法体系之间的重要联系。

历法的发展难以考证，但能确定的是它与宗教活动、宗教组织密切相关，比如人们在举行重要仪式时要选择良辰吉日。天文观测和记录结果都发挥了重要作用，因此算术和写作这两种能力变得非常重要，而月亮和太阳更是观测中的重中之重。日历不仅在国家内部，也在国家之间传播。历史上影响深远的历法有罗马的儒略历[29]和中国的农历。

对于注重时间周期理论的群体来说，过去和现在的分离并没什么特别之处，但对参照季节节律发展农林渔业的民族却很重要。对于进行远程海陆贸易的人来说，风起浪涌、冰雪消融、草木初生（供牲畜食用）等这些季节性现象影响他们决定何时出海或远行。

一些最初崇拜过去并从中寻求认同的群体，后来都转而信奉神灵，关注神庙或者神谕。神谕一般由神学家、先知、祭司、圣贤、占卜者和预言家传达；有些群体甚至崇拜邪恶力量和人间使者，如女巫。

上图：阿兹特克太阳石[30]体现了历法发展与宗教活动的密切联系。

"没有建筑"的文明

一提及早期文明，人们总是最先想到一些建筑遗迹或文明古国。那些没留下石质建筑或兴盛于森林深处的文明往往容易被忽视。木材易腐，在热带地区尤甚，但在部分地区，如中美洲和南美洲的森林，一些重要的早期文明以泥坯或土坯结构的形式留存了下来。位于哥斯达黎加圣何塞的博物馆，馆内丰富的考古藏品正是当地灿烂古文明的缩影。在南美洲亚马孙河和奥里诺科河的下游谷地，尽管那里丛林深掩，却发现了早期陶器，这证明了该地存在过高度发达的文明。正如早期智人的扩散，简单的模型和假设远不足以描绘文明传播的复杂过程。若想揭开未知文明的面纱，仍需付出许多努力。

有组织的宗教

世界各地的文化中先后出现了宗教的痕迹，因为人类力求弄清自己在自然界中究竟处于何等地位，并期望借助神力加以改善。古代的许多教派都与安葬仪式、祭奠死者有关，如新石器时代的奥克尼墓穴。人们会参考历法挑选合适的日子举行重要仪式。

古代教派的仪式大多推崇向神灵进献祭品，那有助于部落的团结，比如腓尼基人将儿童献祭给他们的太阳神巴力·汉蒙。古希腊的一些地区也有传达神谕的预言者，如希腊的德尔斐[31]和意大利的库迈[32]，人们因而能了解神灵之意，虔诚供奉。

随着文明日益繁杂，宗教也发展出了多个派系，人们尊奉新的神灵（通常是那些被征服民族的神灵），构建新的信仰体系并举行新的宗教仪式。到公元前5世纪，宗教在全世界已遍地开花：南亚信奉佛教；中国推崇道教；地中海地区有希腊和埃及的教派及犹太教；美洲文化中出现了以仪式为重的教派，如南美的查文教。这一时期的许多宗教当前都已不复存在，也无文献可考证，如伊特鲁里亚、赫梯和腓尼基的宗教。由于所知有限，他们的信仰仍是不解之谜。

改变世界的物品：金属

右图：青铜是种铜合金，比铜更适合用来制作武器，从公元前2200年开始被广泛应用。

数百万年来，石头一直是人类制造工具的主要材料。公元前7000—前5000年，情况有了改观。在西亚和欧洲东南部，人们发现通过加热可将金属从矿床中分离出来。熔点较低的软金属最先被使用，铜的熔点低于铁，因此成为第一种被广泛使用的金属。在很长一段时间内，人们混用着不同材质的工具（或武器），起初是燧石工具和铜器，然后是铜器和青铜器，之后是青铜器和铁器。科学家在欧洲的阿尔卑斯山发现了一具冰冻遗骸，取名为"奥兹"，其大约生活在公元前3100年。遗骸身上有一把铜斧、一把燧石刀、一张弓和一些燧石箭，他被类似的武器所伤，可能因此而丧命。金属的穿透力强，制成工具后短小精悍，方便使用和携带，因此比石头的用途更广。金属的加工需要多种原材料，因此促进了社会的复杂化，如制造青铜需要铜和锡，而锡则需要通过长途贸易换取。从公元前3100年至前800年，历史迈入青铜时代，铜器时代暂别舞台。青铜是铜的合金，硬度更大，能承受更强的压力而不变形，制成的工具和武器也更实用。随后，铁又取而代之。铁的冶炼和锻造技术从西亚传入欧洲。在撒哈拉以南非洲地区，第一批铁器的制造可追溯到公元前800年前后。公元前6—前5世纪，尼日利亚的诺克铁器时代文化发展起来。铁质品的优点很多：如铁锹和铁钉让农业和建筑业的操作更灵活，铁皮货车更耐用，铁质武器也更锋利。如果在冶炼时加入碳，便可以造出钢，铁的优良特性被进一步强化。铁匠成了地方经济发展的关键人物。

文字的诞生

随着文明的日趋发展，人类需要能够记录事件、编纂规章、传承宗教传统以及其他知识的方法，于是便产生了文字。最初的文字千奇百怪，世界各地都有用图形表现语言的方法，并形成了象形文字和字母文字两种大相径庭的文字体系。象形文字是一种通过图画表意的文字，如古埃及文字和中国的甲骨文。在公元前 3100 年前后，苏美尔（位于美索不达米亚）和埃及出现了最早的、完整的文字系统，中国则在公元前 1200 年前后出现。

货币

古代文明的发展越发依赖贸易，人类需要能够用于表示和储存价值的体系。代币由黄金和白银等贵金属制成，经权力机构确认恒定的重量和价值后，成为金属货币。公元前 7 世纪，小亚细亚的希腊人最早发明了铸币。统治者对铸币的认可大大简化了贸易和税收的流程，尤其是在贸易范围更广、商品种类更多的情况下。如果税收要用在较远的地方，那么以缴粮的形式纳税则毫无补益。流通货币的出现解决了这一难题，这得益于日益成熟的数学体系。后来的大多数文明多采用十进制的货币算法，也有一些民族采用二十进制，如中美洲的玛雅人，还有部分民族采用六十进制，如巴比伦人。

左图： 使用金属货币极大地促进了贸易发展，结束了早期以物易物的贸易模式。

第三章　古典文明
公元前 1000—公元 500 年

约公元前的 1000 年里，出现了越来越多的帝国。这一现象的出现，一方面，源于铸铁技术在农业和武器制造中的运用，使强国得以成功地征服弱国；另一方面，一系列复杂体系或组织的出现帮助帝国巩固了政权：统治者铸造钱币，创造文字，构建有序的宗教信仰，以及采纳实用的为政理念，如中国推崇儒家思想。这些体系各自独立又彼此影响，兼收并蓄，相得益彰。

帝国崛起，政治发展

中国的周朝（公元前 1046—前 256 年）和公元前 550 年由居鲁士大帝建立的波斯帝国是世界上首批帝国政体。约在公元前 550—前 250 年，又有一些帝国陆续诞生，如亚历山大大帝建立的马其顿帝国、印度的孔雀帝国、中国的秦帝国以及地中海西部的迦太基帝国。而罗马先后灭了迦太基、马其顿及之后建立的帝国，为罗马帝国的崛起铺平了道路。不过，罗马帝国在很长一段时间内实行共和制度，而非君主制。

帝国要维护统治，必须采取合作和征战并行的策略。合作涉及经济、文化、政治和军事各方面，除了要与本国臣民合作，帝国还必须与境外的"蛮族"融洽相处。相较于官僚体制，对蛮族采用互惠互利、给予身份认同的政治管理策略更有用。中国的朝廷在处理与草原的游牧民族或半游牧民族的关系时，军事、外交双管齐下，比如"羁縻政策"[33] 或"放羊式"管理[34]。部落的首领被授予官职，他们一方面隶属于中原朝廷，另一方面仍可按照部落的传统实行自治。

右图： 公元前 550—前 330 年，波斯波利斯是波斯帝国的首都。公元前 330 年，亚历山大大帝摧毁了这里的"万国之门"。

中国的崛起

在古代中国，位于西部边陲的周国推翻商朝（公元前1600—前1046年）的统治后，建立了周朝，但最终为秦所灭。战国时期（公元前475—前221年），秦国作为当时最富强的诸侯国，横扫诸侯。最终秦王嬴政称帝，成为中国历史上第一位皇帝，史称"秦始皇"。秦朝能统一天下得益于庞大的军队，统治者对农村地区严加管控，征召农民入伍，扩充军队。嬴政的势力甚至远及长江流域以南地区和中国南海，而商周时期，君王的统治范围并未深入中国南方。在西安秦始皇陵的附近，有成千上万尊大型兵马俑陪葬。

嬴政死后，皇室内部争斗、军队倒戈和平民起义接踵而来。最终，拥有汉王封号的刘邦取得了内战的胜利。汉朝（公元前206—公元220年）的中国，疆域进一步扩大。公元前101年，汉朝大军向西远征西域，迫使大宛[35]俯首称臣；公元97年，汉朝大军甚至翻越帕米尔高原，抵达了山的另一边。汉朝西征得益于"丝绸之路"的打通，这是多条通往中亚的贸易路线统称。汉朝大军进而开辟南夷，公元前109年，滇王拱手降汉，滇国[36]归顺朝廷。

汉朝开疆拓土，巩固了中原朝廷在南方的势力，人们纷纷南下定居，为中国成为大一统国家奠定了基础。

右图：公元前221年，秦王嬴政横扫诸国，完成统一大业，正式称帝，史称"秦始皇"。

中原王朝与游牧民族的对抗

强盛的匈奴屡屡进犯汉朝北境，这是一个由游牧部落集结而成的联盟，于公元前210—前209年完成统一，成为第一个控制整个蒙古地区的政权。

汉朝末年政权分崩离析，中国正式进入三国时代，而后由西晋终结了三国鼎立的局面。公元311年，匈奴大军围攻西晋都城洛阳，朝廷被迫迁都。

到公元500年前后，鲜卑人已盘踞华北大部分地区，建立了北魏王朝（386—534年）。北魏的成功在很大程度上得益于赢得了包括汉族在内的领地内各族的支持，以及引入中原王朝的管理体制。孝文帝（471—499年在位）开创了民族融合的先例，推出胡人改易汉俗的一系列政策，北魏的统治阶层因此开始汉化。17世纪时满族入关建立清朝，也推行过汉化政策。

北魏人（尤其是军人）抵制汉化，最终演变成暴乱，北魏分裂。直至杨坚出现才再次统一，杨坚就是后来隋朝（581—618年）的开国皇帝隋文帝。

亚洲的宗教信仰

亚洲的宗教信仰形式多样，共同点是都与特定的政治环境相联系，而区别则体现在是否神化帝王或相信泛灵论，以及对祖先崇拜和信奉一神论的程度各异。祭奠祖先在中国备受推崇，尤其是道教。一神论宗教在某些地区经久不衰，如波斯的琐罗亚斯德教和以色列的犹太教。宗教让生与死彼此延续，交融共存。

左图：描绘了胡人归汉途中的情景。

古代的非洲

　　非洲诸国的建国历程要比中国坎坷得多。尽管贸易路线连通内陆，但由于非洲大陆地域辽阔，各区域环境差异大，导致发展水平参差不齐。公元前1000年前后，撒哈拉以南非洲的班图人向南迁移，促进了农业的传播。农耕和铁器的应用使班图人有着远胜于当地以狩猎和采集为生之人（如奥兰治河流域的科伊桑人）的优势。班图人的迁徙从根本上影响了非洲大陆的人文地理，与中国汉朝在亚洲的影响不相上下。这也在时刻提醒我们，早在过去两个世纪的大迁徙之前，人类的迁移范围就已如此之广，且迁徙之路从未间断过。古典时期的人类迁徙和早期的人类迁徙一样，都是一个不断适应环境的过程，并且还伴随着族群的更替。

　　在班图北部、撒哈拉沙漠的边缘，生活着乍得人、尼罗人等一些鲜为人知的民族。当地也出现了多部落联合的政体，如北非的柏柏尔人。

下图：在非洲南部，班图人带来了农耕和冶铁技术，逐渐取代了当地以狩猎、采集为生的科伊桑人。

公元1世纪中叶，罗马帝国征服了这些民族，但那只是罗马人将整个地中海南部海岸据为己有而进行的局部扩张。以莱普蒂斯马格纳（今属利比亚）和蒂斯德鲁斯（今属突尼斯）为例，罗马人在各地留下的大量遗迹足以证明当年帝国的领土之广。

在埃及南部、尼罗河谷、厄立特里亚以及埃塞俄比亚北部也有一些重要国家。公元前100—公元600年，商业强国阿克苏姆与罗马在红海沿岸进行贸易，其重要性堪比库什王国对尼罗河流域的贸易影响。通过这些贸易路线，奴隶被源源不断地运往罗马。阿克苏姆国王下令修建的方尖碑至今仍是一处独一无二的景观。与此同时，新的宗教陆续传入北非，先是基督教，然后是公元7世纪时的伊斯兰教，它们推动了新联盟的建立，但也激发了新的矛盾。

北非一直以来是连接撒哈拉沙漠、南部萨赫勒[37]地区以及北面地中海的重要通道，这条要道先后被罗马帝国和拜占庭帝国（东罗马帝国）占领。7世纪时，宗教冲突以伊斯兰教的胜利而告终，北非被伊斯兰教控制，南欧则由基督教主导。从此，地中海成为横亘两岸的一道鸿沟，文化的传播被迫中断。

上图：阿克苏姆王国的方尖碑，位于厄立特里亚，国灭后依然屹立不倒。

下图：罗马人在今利比亚留下了蔚为壮观的莱普蒂斯马格纳古城遗址。他们曾在公元193—211年迅速扩建该城，这早于其他城市。

西南亚帝国

公元前 7 世纪末，亚述帝国覆灭，新巴比伦王国取而代之，其最伟大的统治者是尼布甲尼撒二世（公元前 605—前 562 年在位）。巴比伦政权最终在公元前 539 年被更强大的波斯帝国颠覆。波斯帝国由居鲁士大帝（约公元前 550—前 529 年在位）建立，他先吞并了米底王国，后于公元前 547 年在安纳托利亚击溃吕底亚，最终攻陷巴比伦城。居鲁士在中亚地区征讨游牧民族马萨格泰人时，不幸阵亡。他的儿子冈比西斯二世继位后，于公元前 525 年攻占了埃及。波斯帝国在大流士一世（公元前 522—前 486 年在位）的统治下，进一步扩张领土：公元前 513 年，波斯大军入侵斯基泰；公元前 492 年，又远征马其顿王国。

面对空前辽阔的帝国版图，波斯实行了复杂的管理制度。不过，波斯帝国的长久统治依然得益于其雄厚的军事实力。

下图：面对居鲁士的波斯大军，巴比伦军队一溃千里、节节败退。随后，波斯人在美索不达米亚确立了统治地位。

右图：萨拉米斯海战是希腊和波斯双方舰队之间的一次决定性战役。此后，波斯人再也没能进犯希腊。

萨拉米斯海战（公元前 480 年）

面对波斯的庞大舰队（约 800 艘），仅有 300 艘舰船的希腊决定避开开阔水域，诱敌深入狭窄的萨拉米斯海峡，这一策略让波斯舰队的数量优势荡然无存。他们发现，舰船全部挤在一起，队形又被汹涌而来的海浪打乱，舰队几乎寸步难行。眼看对手陷入困境，希腊这才发起进攻，波斯彻底乱了阵脚。最终，波斯海军被击退，损失战船 200 多艘，而希腊仅损失了 40 艘。

四通八达的道路网将波斯辽阔的各领地紧密相连，比如波斯"御道"从爱琴海附近的萨迪斯[38]直通波斯湾附近的苏萨城，将分散的省份重新连接起来。阿契美尼德王朝还在波斯波利斯（位于今伊朗中部）建造了大型的宫殿建筑群。

在征服腓尼基和埃及后，波斯将舰队编成一支强大的海军，宣告了其在爱琴海的统治地位。然而，公元前 490 年和公元前 480—前 479 年，他们几次起兵进攻希腊都无功而返。公元前 490 年败于马拉松之战，公元前 480 年的萨拉米斯海战又是惨败，这两场战役扭转了希腊主要城邦雅典的命运。在萨拉米斯海战中，雅典的胜利在很大程度上归功于他们的三桨座战船——一种特别有效的战船。

最终，马其顿王国的亚历山大大帝终结了波斯帝国的统治。他侵入阿契美尼德王朝的领地，分别在公元前 333 年的伊苏斯战役、公元前 331 年的高加米拉战役中重创波斯大军。公元前 323 年，亚历山大在巴比伦英年早逝，年仅 32 岁，此时帝国疆域已扩至埃及和印度河流域，包括今天的土库曼斯坦。如果亚历山大活得再长久些，不知道他是否还能再创辉煌。不过可以确定的是，他征服印度的计划未能实现：公元前 326 年，他穿过阿富汗进入印度河流域，但在两地都遭到了顽强抵抗；而在比阿斯河时军队发生叛变，反对他向印度北部深入的计划。

亚历山大死后，帝国迅速土崩瓦解，将军们纷纷拥兵自立、争夺领地，主要政权有安帝哥尼斯人统治的马其顿王国、埃及的托勒密王朝，以及包括叙利亚、伊拉克、波斯和土耳其南部在内的塞琉古王国。这一

左图：亚历山大大帝打下的疆土从埃及一直延伸到印度。

下图：皈依佛教后，阿育王在印度次大陆广修佛塔，为佛教的兴盛奠定了坚实基础。

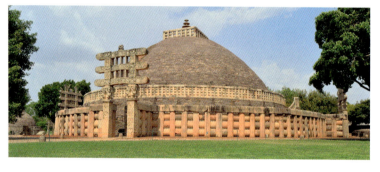

若亚历山大西征会怎样？

提图斯·李维（公元前59—公元17年）在他影响深远的《罗马自建城以来的历史》（History of Rome From the Foundation of the City）一书中提出了一个历史假设：如果古代最伟大的征服者亚历山大大帝当时掉转马头，入侵意大利会怎么样？李维认为，罗马读者们大可放心，因为罗马是战无不胜的。他列举了罗马将才的优秀品质，声称亚历山大在受波斯文化熏陶后开始变得堕落，他还将亚历山大的个人成就与罗马历经百年的辉煌对比了一番。

时期希腊的文化和政治影响广泛，被称为希腊化时代。很快，塞琉古王国失去了大部分领土，而托勒密王朝在埃及的统治一直持续到公元前30年，后被罗马中断。一些独立的希腊化王国也得到了发展，如巴克特里亚（位于今中亚地区）。希腊文化在埃及和亚洲的大部分地区得到了广泛传播，并与亚洲文化相互交融。

亚历山大死后，孔雀帝国（公元前321—前185年）迅速统治了印度次大陆[39]。公元前321年，游陀罗笈多·孔雀集结军队推翻印度东北部的难陀王朝，建立了孔雀王朝。随后，在与塞琉古王国（公元前305—前64年）、羯陵伽国的战争中，孔雀王朝都取得了胜利。阿育王是王朝创始人游陀罗笈多之孙，年少时便率兵攻占了羯陵伽国。他于公元前260年皈依佛教，并尝试以佛教教义治国。他在印度各地修建佛教舍利塔，并将体现佛法精神的法令雕刻在众多石柱上。在他的影响下，佛教在印度国内盛行并传播到周边地区。

古希腊世界

    与盛极一时的亚述或波斯帝国相比，早期希腊（和之后的罗马）的影响力如同米粒之珠，但日后却大放光芒，对西方文明影响深远。希腊和罗马要时刻提防外族入侵，公元前490年和公元前480—前479年，希腊人数次粉碎了波斯人的侵占企图。希腊城邦能够生存，全靠他们训练有素的公民兵军队。重装步兵以方阵队列前进作战，令对手难以招架。

    后来，强大的斯巴达和雅典结成城市联盟，但没

下图：古希腊城邦的公民兵军队以重装步兵列方阵作战，抵御入侵。

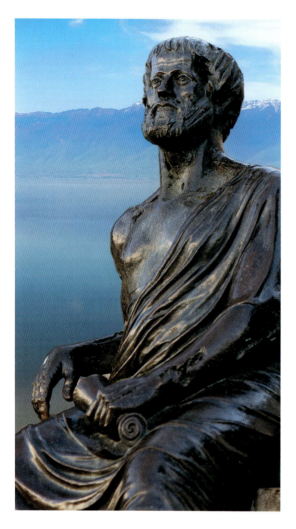

能合并成一个稳定的帝国。公元前 338 年，分裂自治的希腊城邦沦为马其顿王国的牺牲品，当时是亚历山大的父亲菲利普二世在位期间。不过，希腊采用的政体模式对后世影响深远，比如公元前 508 年克里斯提尼改革后建立的雅典民主制，它赋予公民大会至高的决策权。

但并非所有的希腊人都有权参与城邦事务的决策。长期以来，斯巴达一直是雅典在希腊城邦中最强大的对手（公元前 431—前 404 年，雅典对斯巴达发动了战争，史称伯罗奔尼撒战争，最后却以雅典的失败和民主政治的暂时瓦解收场）。斯巴达实行贵族寡头政治，妇女几乎没有政治权利，但她们不以为意。希腊也使用大量奴隶，如驱使奴隶采矿。在雅典附近的劳瑞姆银矿里，大约有 35000 名奴隶挤在地下的小隧道里工作，狭小逼仄的空间迫使他们只能匍匐前行或跪着劳作。

希腊著名哲学家亚里士多德（公元前 384—前 322 年）曾在《政治学》（Politics）一书中提出，奴隶制是合乎自然的，就像人类役使马一样。对他而言，村庄可被看作一个小社区，牛是穷人的奴隶；而希腊城邦是进步美好的大社区，公共文化和美德盛行。这便是奴隶制的功劳，因为它保证了上层阶级的安逸生活，使其有余力推行更好的统治政策。

上图：作为史上最伟大的哲学家之一，亚里士多德认为希腊城邦是追求美德的理想之地。

古希腊戏剧

戏剧起源于众神的宗教节日，是希腊文化中最重要的发展之一。古希腊著名的剧作家有被称为"悲剧之父"的埃斯库罗斯（约公元前 525—前 456 年，著有《俄瑞斯忒亚》三部曲和《波斯人》）、欧里庇德斯（约公元前 480—前 406 年，著有《美狄亚》《厄勒克特拉》和《特洛伊妇女》）和索福克勒斯（约公元前 497—前 406 年，著有《安提戈涅》《俄狄浦斯王》和《厄勒克特拉》）。这些剧作家凭借卓越的创作才能塑造了多样的、丰满的人物，标志着西方戏剧的开端。

古罗马

　　最终，罗马人征服了希腊城邦。传说，罗马最初只是台伯河下游的一个小部落，特洛伊沦陷后，王子埃涅阿斯幸免于难，他的后代罗慕路斯和雷穆斯在公元前 753 年建立了罗马城。不过据考古发现显示，公元前 850 年罗马帕拉蒂尼山上已有村庄，这说明早在罗马建城前就存在定居点。罗马的扩张遭到了邻邦拉丁人和伊特鲁里亚人的抵抗。罗马最初的统治者是国王，塔克文家族就在其列，塔克文家族是希腊科林斯人（也可能是伊特鲁里亚人）的后裔。公元前 509 年，拉丁贵族将塔克文家族最后一任国王驱逐出境，成立共和国。和古代其他城市一样，这个共和国实际上仍是寡头政治。少数掌权的贵族和广泛平民群体之间矛盾尖锐，罗马共和国也因此历经磨难。

　　罗马士兵骁勇善战、所向披靡，配备有铁质的短匕首、重标枪和盾牌，

下图：母狼哺婴塑像。传说中，双胞胎兄弟罗慕路斯和雷穆斯由母狼抚养长大，并于公元前 753 年建立了罗马城。

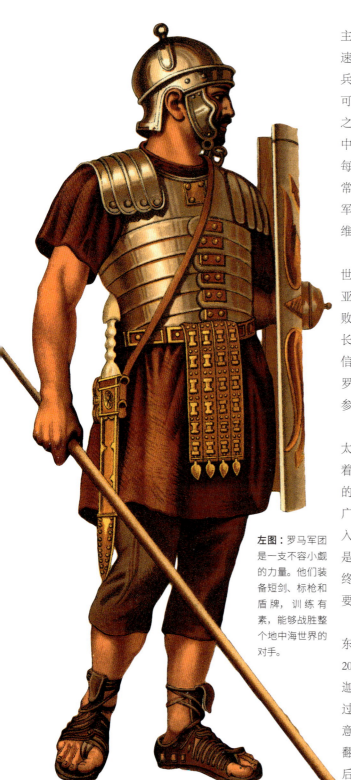

主力重装步兵队列训练有素，这确保了罗马军团能快速行进并根据指令随时调整队形，比如陆龟方阵（士兵们高举盾牌形成一个似龟甲的大盾，藏于其中行进可躲避流矢飞弹）。罗马军队擅长围城，并能设计行之有效的复杂方案用于作战；在自然环境或战斗环境中，他们还能通过修建堡垒和筑路等手段进行部署。每逢停军驻扎，士兵们便会轻车熟路地建造营地，通常每隔 24 千米（15 英里）就有一处，这大约是罗马军团平均一天的行军距离。许多营地后来发展为城镇，维也纳便是其中之一。

在意大利北部，伊特鲁里亚人盘踞此处约有五个世纪之久。直到公元前 280 年前后，罗马在赫拉克利亚和阿斯库路姆发起战争，虽然伤亡惨重，但最终击败了伊庇鲁斯国王皮洛斯，统一了意大利半岛。由于长年征战，罗马的文化、公众记忆、公共场所、宗教信仰、社会和政治制度中都充斥着强烈的军事色彩。罗马统治阶级崇尚武力，在任用和表彰政客时也会参照此标准。

与迦太基的三次布匿战争，罗马大获全胜。迦太基是一个建立在今突尼斯附近的海上帝国，统治着撒丁岛、西西里岛、西班牙部分地区和今突尼斯的大部分地区。这三次战争涉及多个地区，范围极广，意大利本土、西西里岛、西班牙和北非都被卷入了战争。第一次布匿战争（公元前 264—前 241 年）是为了争夺西西里岛的控制权，罗马人历经苦战最终获胜，他们从中也认识到提升海军战斗力的必要性。

不久后，罗马和迦太基又为争夺西班牙南部和东部地区而战。在第二次布匿战争（公元前 218—前 201 年）中，罗马统治者日益膨胀的野心一览无余。迦太基主将汉尼拔（公元前 247—前 183 年）率军穿过法国南部，于公元前 218 年翻越阿尔卑斯山，抵达意大利并对罗马人发起攻势。汉尼拔率领军队和战象翻越阿尔卑斯山时，仅有一头战象幸存下来，但不久后就死了，后人将这段履险蹈难的旅程视作一场史诗

左图：罗马军团是一支不容小觑的力量。他们装备短剑、标枪和盾牌，训练有素，能够战胜整个地中海世界的对手。

般的战斗。汉尼拔大军压境，罗马岌岌可危。凭借素质过硬的军队和卓越的指挥才能，汉尼拔抢得先机，分别在特雷比亚河（公元前218年）、特拉西梅诺湖（公元前217年）、坎尼（公元前216年）和赫多尼亚（公元前210年）击溃了罗马的主力军。

在这种情况下，汉尼拔彻底失败了，并非因为他在意大利的兵败，而是他无力乘胜扳倒罗马，粉碎其政权。汉尼拔的军队规模小，没有攻城车，而罗马的盟友们立场坚定，无法动摇。公元前204年，战场移至北非，迦太基大军落败。公元前202年，大西庇阿在扎马战役中击败汉尼拔。这场战役的胜利保住了罗马在地中海西部的主导地位。

上图：迦太基将军汉尼拔率军翻越阿尔卑斯山。在被迫撤退之前，他分别在特雷比亚河、特拉西梅诺湖和坎尼大败罗马军队。

我们如何出行：车轮和道路

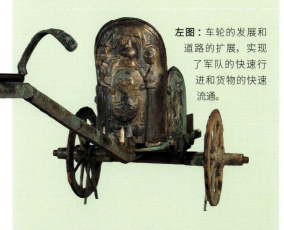

左图：车轮的发展和道路的扩展，实现了军队的快速行进和货物的快速流通。

迄今为止，发现得最早的车轮是公元前3500年美索不达米亚的陶轮，用于辅助捏制陶器。公元前3200年前后，车轮被用于交通工具。公元前1200年前后，中国有了使用车轮的记录。借助四轮马车或牛车，只需较少的役畜就能运送大量货物，效率远高于动物单纯的驮运。由于省力，牲畜所需的饲料也相应减少。

路况影响着轮式交通工具的行进，因此罗马人修建了令人惊叹的道路系统，如意大利的亚壁古道和英国的沃特林大道，它们都通往罗马帝国，与从埃及亚历山大港到罗马奥斯蒂亚港的海路互为补充。主道路按统一的模式修建，路面铺设考究，雨雪天可防滑，并设计了弧面和排水沟渠以保证良好的排水。精确的测量工序则保证了道路的平直，特殊的路段还会修建桥梁，这也是道路系统的重要组成部分。四通八达的罗马大道实现了军队的快速行进和货物的快速流通，许多路线一直延续至后罗马时代。

罗马共和国之所以能战胜汉尼拔，与其庞大的军队不无关系。意大利各地改为城邦和联盟的组织形式后，这些政体都要向罗马提供兵源。罗马统治者与中国汉朝皇帝的想法不谋而合——农耕人口如同用之不竭的兵力库，他们从中征募成年男性入伍以打造庞大的军队。公元前 31 年，罗马军队的意大利士兵多达25 万，几乎是战争时期总人口的四分之一。

凭借突出的人力优势、丰富的资源、强大的意志力和卓越的组织力，公元前 19 年，罗马控制了地中海东部、埃及、高卢（今法国）和西班牙；公元 100年又控制了英国的大部分地区和巴尔干半岛。在征服高卢的战役中，尤利乌斯·恺撒成了关键人物，尤其在公元前 52 年，他与强敌维钦托利几经交战，最终获胜。

然而，罗马的扩张在某些地区却停滞不前。公元 9 年，罗马在德国的条顿堡森林战役中惨败，损失三个军团，从此打消了进军易北河的念头。公元 110 年，驻扎在幼发拉底河以东地区（今伊拉克境内）的罗马军队的阵地陆续失守。接二连三的失败使罗马放弃了扩张，转而开始巩固政权、强化边防。罗马人修建了结实的城墙和堡垒作为基地，进可攻，退可守，并在边境沿线大规模驻军，营地多分布在莱茵河和多瑙河畔，以及亚洲境内。

公元前 1 世纪，罗马共和国垮台，起因是军事指挥官之间的相互竞争，先是马吕斯和苏拉，后是庞培和恺撒，他们企图使用武力确立统治，消除政治分歧。而像恺撒这样雄心勃勃的政治家一般先伺机去前线指挥军队，然后收集资源用以竞选。恺撒虽然是贵族，却与平民阶层关系密切，他的主要对手布鲁图斯和卡西乌斯则推崇由贵族统治的共和体制。在这样的政治分歧中，恺撒践行着自己的政治野心，却在公元前 44 年 3 月 15 日遭到暗杀。随后，罗马掀起了一场内战，公元前 42 年，拥护恺撒的

左图：公元前 52 年，高卢著名的军事领袖维钦托利最终被尤利乌斯·恺撒打败。

上图：尤利乌斯·恺撒是位雄心勃勃的统帅。他不仅战功累累，还善用军事资源来实现自己的政治抱负。

"后三头同盟"[40] 在希腊的腓力比打败了暗杀恺撒的派系。

之后，"后三头同盟"瓦解。马克·安东尼与埃及女王克娄巴特拉七世情愫互生，结成联盟。公元前 31 年，著名的阿克提姆海战打响，马克·安东尼在希腊西海岸迎战恺撒的继承人屋大维，却意

罗马时期的地图

罗马人延续了希腊人关于世界的知识。希腊人意识到，已知的世界只是地球的一小部分，广袤的世界仍待探索和测绘。公元前 150 年，希腊哲学家马洛斯的克拉特斯在罗马制作了一个直径至少 3 米的大球，上面绘了四块大小相同的大陆，各占球面的四分之一，但彼此被水隔开。世界一定是平衡的，这一认识促使人们长期以来认为一定有广袤的"南方大陆"[41] 存在。希腊地理学家托勒密（约公元 90—168 年）曾在罗马统治下的亚历山大港工作，他将世界地名汇编成书，并将每个地点都标注了地理坐标。

罗马人精于测量，效率极高，且擅长按比例绘图。罗马帝国的成功征战与其高超的地图绘制能力密切相关，而罗马人敢标榜世界霸主也与他们通晓世界地图不无关系。

一些罗马时期的地图有幸保存了下来。波伊廷格古地图是一幅 4 世纪罗马公路地图的副本，复制于 12 世纪。不同于传统地形图，该地图将地域分割为条带状，可用来规划路线。图中绘有山脉，道路的分布以某个城市为中心向外发散，比如塔兰托。另一份地图《拉文纳宇宙志》则没有如此知名，它是一份涵盖罗马帝国 5000 多个地名的名录，约公元 700 年前后由拉文纳的一位匿名神职人员拟定。

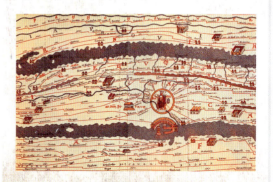

上图：波伊廷格古地图上标注了罗马帝国的一条条街道。

奴隶起义

在罗马帝国统治时期,奴隶起义频发,最著名的当属斯巴达克斯起义。斯巴达克斯生于色雷斯,擅离军队后被俘而沦为奴隶,成为一名角斗士。公元前73年,他发动了一场声势浩大的起义,率领约9万大军,顺着意大利半岛向南推进,沿途捣毁无数庄园。公元前71年,他与马库斯·李锡尼·克拉苏在卢卡尼亚交战,虽然击溃了众多罗马军队,但最终仍落败而亡。克拉苏为阻止其他奴隶反抗,将大批斯巴达克斯的追随者钉在亚壁古道沿途的十字架上。早在公元前135—前132年、公元前104—前100年,西西里岛就爆发过多次奴隶起义,但都被镇压了。公元前132年,仅存的2万名奴隶起义军决定投降,却因罗马统治者的一时之愤而惨遭屠杀。

外败北。获胜后的屋大维逐步将罗马共和国的所有权力握于掌心,被授予"奥古斯都"的头衔,并于公元前27年成为罗马帝国的第一任皇帝。为了夺取埃及,奥古斯都承诺将会给罗马带来和平。正如他所言,在他的统治期内,罗马比前半个世纪要稳定得多。

罗马制度的成功建立在公民观念的基础上。公民身份意味着可以享有许多权利,但这并非真正的平等。自由佃农必须缴税,相对于有权势的地主和佃农主,经济地位较低。由于严格限制,最初只有少数人具有公民身份,直到公元前1世纪才放宽到所有意大利成年男性,并在公元212年扩展到所有非奴隶的男性。

由于罗马体制中的一些规定,公元1世纪,基督教的出现和传播俨然对罗马的统治构成了威胁。耶稣基督倡导的平等尤其具有颠覆性。由于基督教属

上图:在古罗马众多的奴隶起义中,斯巴达克斯起义的威胁最大。

右图:引水渠是罗马城市基础设施的标准组成。

于一神论宗教（信仰唯一的神），它也挑战了罗马传统的多神教——以万神殿为代表，里面供奉着奥林匹斯山众神和被视若神祇的君王们。在这种背景下，基督徒在罗马帝国受到迫害甚至殉道就不足为奇了，在罗马皇帝戴克里先（约284—305年在位）的统治期内尤甚。

罗马人在征服之地兴建了与国内相仿的基础设施。他们修筑坚固的道路和引水渠，还有圆形露天竞技场、公共集会场所、剧院、公共浴室和其他公共建筑。许多都保留至今可供游客参观，比如西班牙塞戈维亚的古罗马引水渠。尽管不少罗马城镇以碎瓦颓垣的形式保存了下来，但当时居民的生活、风貌、礼仪，以及这些建筑建成时的耀目光彩却无法存留。

罗马衰亡

对于罗马帝国衰亡的原因，历史上一直争议不断。帝国外部"蛮族"的入侵是一个关键因素。早在公元2世纪晚期，就有不少外族对地域辽阔的罗马虎视眈眈，公元167—170年，马科曼尼人和夸迪人就曾入侵意大利北部。到公元250年前后，外族入侵危机升级，罗马为了自保而东西分治，让两边各自为战，这一策略最终导致了帝国东部和西部的永久分裂。公元330年，君士坦丁一世将拜占庭（之后改名为君士坦丁堡，即今天的伊斯坦布尔）定为新首都，权力中心自此转移。公元312年，在急需集中力量一致对外时，他改信基督教的行为引发了巨大的内廷分歧，两派的斗争

削弱了帝国的实力。从此，拜占庭成了新派的聚集地，而罗马则是旧派的中心。

罗马帝国的经济危机日益严重，到公元2世纪下半叶，农业生产、工业和贸易每况愈下。帝国财政亏损，货币的重量和贵金属含量都大幅缩水，帝国想要再次获得国内外盟友的支持变得难上加难。而维护帝国统治的开支仍在增长，罗马越来越无力支付。

疾病问题也是一个不容忽视的因素。公元

下图：公元5世纪，由于哥特人、汪达尔人和匈人等向西和向南迁移，罗马城几乎四面受敌，这让西罗马帝国陷入了巨大的危机，最终于476年覆灭。

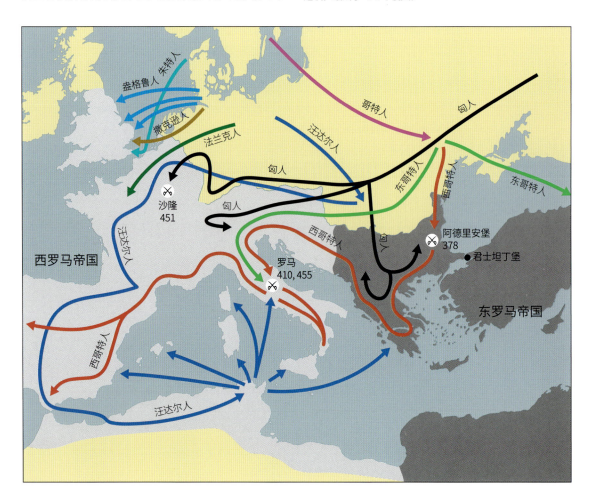

160—180 年，瘟疫肆虐全国；公元 3 世纪时，结核病和天花的势头还未消减，流行性出血热开始泛滥。像罗马、米兰、亚历山大港和君士坦丁堡等人口密集的大城市更易出现疫情，它们脆弱而单一的食物供应链也极易受到破坏。由于帝国发达的贸易网络，旅游和移民这样的人口流动使其面临着更大的疾病风险。

　　较之东罗马帝国，西罗马帝国人口较少且相对落后，应对"蛮族"入侵的能力较弱，随着内廷两派的猜忌日益加深，局势变得更为严峻。大部分的军队被

上图：从 6 世纪中期的马达巴马赛克地图上能看到，西罗马帝国灭亡后，东罗马帝国仍是一派生机。

派往边境，仍未能守住莱茵河和多瑙河的边界，这让意大利压力倍增，一筹莫展。这时的军队规模远小于罗马共和国时期，根本无力阻挡一拨又一拨的"蛮族"入侵。

　　居于帝国东部的西哥特人是以亚拉里克为首的日耳曼民族，由于受到更东边的匈人的侵扰，他们被迫西行并围攻了罗马城。公元 410 年，断粮许久的罗马

城被迫投降，西哥特人趁机大肆劫掠。此后，意大利先后遭到匈人、哥特人和汪达尔人的铁蹄践踏。其中的汪达尔人也是日耳曼民族的一支，439 年，他们攻占突尼斯，切断了罗马的一个重要粮食来源，为后来的胜利铺平了道路；455 年，他们洗劫了罗马；468 年，进而控制了西西里岛。

除了外族入侵，罗马帝国还经历了严重的政治动荡。公元 394—476 年，数次内战使得先后共有 14 位君王统治过西罗马。军事将领通常掌控大权，包括奥多亚塞在内的几位军事将领都是"蛮族"出身。事实上，罗马和"蛮族"渊源不浅，两者既有对立，也有合作。由于"蛮族"占领了部分行省，切断了其与帝国之间的军事、政治和行政联系，罗马统治者想通过征税进一步抵御的可能性变得渺茫。最终，奥多亚塞于公元 476 年废黜了西罗马帝国的最后一位皇帝罗慕路斯·奥古斯都。

下图：公元 5 世纪时，西哥特人是最早令罗马统治者头痛不已的蛮族入侵者。

右图：公元 410 年，亚拉里克带领西哥特人洗劫了罗马城。这是该城在近 1000 年内第一次落入入侵者之手。

东罗马帝国幸存了下来（后来被称为拜占庭帝国）。公元3世纪，萨珊王朝征服波斯后，继续向西进犯东罗马的东部边境。拜占庭帝国先是失去了其在印度洋地区的贸易控制权，7世纪时，又被阿拉伯穆斯林侵占了中东和北非大部分地区，但拜占庭帝国仍然坚挺至1453年。1453年，由于首都君士坦丁堡被奥斯曼帝国的土耳其人攻占，帝国从此覆灭。

罗马在西方思想和行为上依然发挥着重要作用，其中最显著的便是天主教会。后来的国家政体常会参考罗马的体制，如美国的宪法和参议院。

皇城

在中国的周朝，城市的规划讲究"天圆地方"，这一原则由宇宙学、占星术、风水学和命理学融合后衍生而来。在秦朝（公元前221—前206年），都城咸阳统一管辖着诸多下级城镇。汉朝也是如此，除了先后建都的长安和洛阳，福州等繁荣的沿海城市也有下级行政中心。

罗马文明本质上是一种城市文明。都城罗马代表了当时最先进的文明，公元2世纪，其人口或许已达100万。养活如此庞大的人口，完全是经济、管理和物流等方面共同作用的结果。亚历山大港作为重要的中转港，粮食源源不断地从西西里、突尼斯和埃及运输而来。罗马西南部的台伯河沿岸，仓库遍地，也证明了罗马对贸易的重视。

美洲也有大城市。公元前450年前后，萨巴特克人在瓦哈卡山（墨西哥南部）中部建造了城市蒙特阿尔班；公元前250年前后，玛雅诞生了早期最大的城市埃尔米拉多。位于墨西哥中部的特奥蒂瓦坎则是一个网格状城市，城内建有金字塔，公元500年，城里已有12.5万~20万居民。南美洲的蒂瓦纳科位于今玻利维亚的的喀喀湖边，居民多达4万人，是当时宗教活动的中心。

下图：公元500年，墨西哥中部城市特奥蒂瓦坎已有12.5万~20万人口。

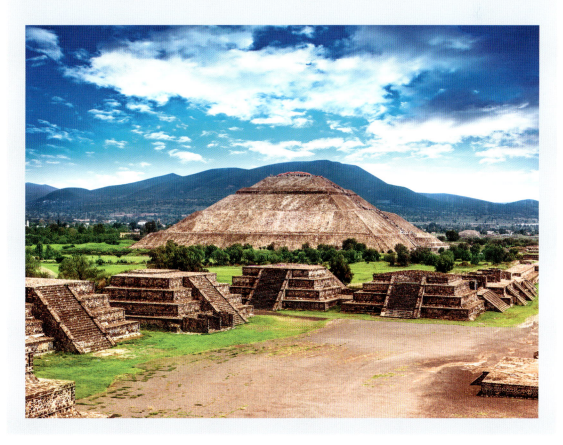

第四章 中世纪

公元 500—1500 年

自 15 世纪以来,中世纪早期总是被西方评论家们单独拿出来极力诋毁,好将后来的成就与之撇清关系,如此对待这一千年的人类历史实在太过武断。相反,中世纪是人类文明取得巨大发展的重要时期。中世纪早期被称为"黑暗时代",当时欧洲遭"蛮族"侵袭,最终形成了许多彼此差异很大的民族和国家。

下图:公元 8—10 世纪,第二波"蛮族"的铁蹄横扫欧洲,马扎尔人就是其中之一。

抵御"蛮族"

全长 195 公里（120 英里）的戈尔甘长城是波斯（今伊朗）最长的防御工事，素有"红蛇"之称，它从里海东部一直延伸到厄尔布尔士山。据说公元 5—6 世纪，萨珊王朝为了防范白匈人的入侵而修建，可与里海以西的铁门关相提并论。

第二波"蛮族"入侵

公元 8—10 世纪，"蛮族"再度入侵欧洲，侵略者以阿拉伯人、维京人和马扎尔人为主。马扎尔人入侵并征服了匈牙利平原，之后企图进犯罗马帝国。公元 955 年，皇帝奥托一世在利奇菲尔德之战中摧毁了马扎尔人的计划。在早些时候，相当于唐朝之后的五代十国，契丹人占领了今天北京周边地区，党项族则割据了宁夏、甘肃一带。唐朝（618—907 年）的情况则完全相反，中原决意扩张，足迹直至新疆、塔里木盆地和西藏边陲。

白匈人 [42]

印度也遭受了严重的"蛮族"入侵。公元 4 世纪，笈多王朝统一了印度北部和中部的大部分地区，但中亚的白匈人（又称嚈哒）的入侵却让王朝岌岌可危。

公元484年，白匈人在赫拉特之战中大败萨珊王朝，夺取了该地区的控制权，令萨珊王朝颜面扫地。之后，他们又分别在公元480年、公元500年和公元510年前后屡屡进犯印度，这让笈多王朝遭到重创，为印度的分裂埋下了伏笔。从6世纪中期至13世纪，印度一直处于地方割据、小国林立的局面。

维京人的扩张

8世纪末，由于斯堪的纳维亚半岛的居住用地紧张（多山地的挪威尤其如此），维京人（或称北欧人）开始从事掠夺活动，其中既有战士，也有商人和殖民者。他们入侵了不列颠群岛和法国，东至俄罗斯，西跨北大西洋，寻找适合贸易和定居的富饶之地。维京船虽然船身扁平且无法遮风挡雨，但由于其配备船帆、桅杆、精准的龙骨和方向舵，成为当时高效的远洋船，可在大西洋自由航行。由于吃水浅，它还能在沿海水域或河流上行进，如英格兰的泰晤士河、法国的塞纳河以及爱尔兰的香农河。大约公元860年，维京人抵

达了冰岛，公元986年开始定居格陵兰岛，公元1000年前后，在纽芬兰形成了一个维京人的小定居点。对维京人是否曾定居北美南部仍待考察，尽管美国人向来不愿提及西班牙最先开拓北美一事，后来却声称维京人到达了新英格兰[43]。

维京人在冰岛之外的扩张规模非常小，而未能与格陵兰岛的因纽特人达成合作也是一大失误。在中世纪的鼎盛时期，疾病肆虐、地理位置偏远以及全球气候变冷等问题导致维京人在格陵兰岛寻找定居点的进程于15世纪中叶落下帷幕。而在遥远的纽芬兰，他们的定居点寻找进程也只维持了二三十年。

相比之下，维京人在法国和英国的居住时间更长。公元911年，维京人在法国北部的居住点发展为诺曼底公国，那里的居民后来被叫作诺曼人。公元1066年，"征服者"威廉一世（1066—1087年在位）率军从诺曼底出发，在攻占英格兰后，进而占领了威尔士和爱尔兰的大部分地区。另一支诺曼军队则控制了西西里岛和意大利南部。在维京人的家乡斯堪的纳维亚半岛，丹麦、瑞典和挪威于11世纪崛起成为强国，对不列颠群岛和波罗的海东部地区虎视眈眈。此外，维京人还发生了一个巨大的转变——改信基督教。但在维京时代早期，他们曾多次袭击修道院等基督教场所，如英格兰东北部的林迪斯法恩修道院，它第一次遭到袭击是在公元793年。

左图：维京人的足迹遍布欧洲，或劫掠、或经商、或定居，目的不一。10世纪末，他们将目光转向了更远的格陵兰岛和北美。

下图：诺曼人是法国北部维京殖民者的后裔。1066年，他们在"征服者"威廉的带领下进入英格兰。

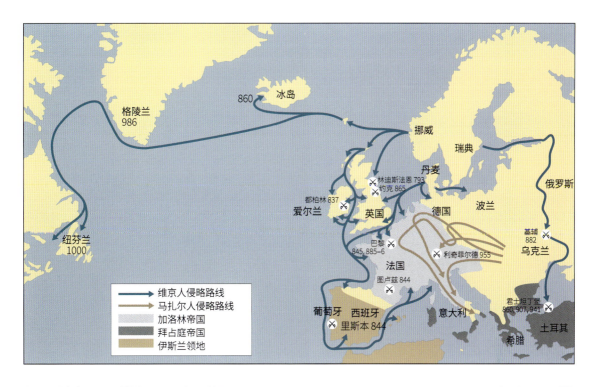

上图：维京人从 8
世纪末开始加速扩
张，足迹东至基辅，
西达纽芬兰。

右图：9 世纪中期，
维京商人建立了基
辅罗斯国，其历史
被记录在《拉齐维
乌家族史》一书中。

基辅罗斯

　　9 世纪中叶，在基辅（今乌克兰境
内）的维京商人建立了基辅罗斯国。得
益于商业活动的开展以及与拜占庭帝国
的友好关系，基辅罗斯的疆域在 10 世
纪时迅速扩大。自公元 988 年基辅罗斯
国改信希腊东正教后，其与拜占庭的关
系更加密切了。基辅罗斯是俄国的前
身，后来的俄国被认为是拜占庭帝国
的延续[44]，因此流传着莫斯科大公国是
"第三罗马"的说法。弗拉基米尔一世
（980—1015 年在位）去世后，基辅罗
斯国解体，他的三个儿子分别建立了诺
夫哥罗德公国、波罗茨克公国和切尔尼
戈夫公国。13 世纪初，蒙古大军攻占这
里，推动了莫斯科夫（今莫斯科）的崛起，
即后来的莫斯科大公国。

地中海帝国

经历了分裂以及部分地区沦陷之后，在地中海东部的罗马世界还存留拜占庭帝国一直在抵御着伊斯兰军队的进攻。直到1453年，首都君士坦丁堡被穆罕默德二世领导下的奥斯曼土耳其穆斯林军队攻陷，帝国最终覆灭。而早在7世纪，拜占庭在面对阿拉伯穆斯林军队时，就拱手让出了北非以及如今的叙利亚、黎巴嫩、以色列和巴勒斯坦等地。

罗马帝国覆灭后，日耳曼的"蛮族"部落在西欧纷纷建立新王国，彼此兵戎相见，比如意大利的东哥特人和西班牙的西哥特人一直纷争不断。此外，盘踞在西班牙西北部的苏维人、勃艮第人，以及入侵英格兰的盎格鲁人、撒克逊人和朱特人等也都建立了新政权。由法兰克人建立的法兰克王国巩固了对如今法国地区的控制，在当时最具影响力。虽然伊斯兰侵略者在打败西哥特人并攻占西班牙、葡萄牙之后，曾北进袭击法兰克王国，但最终在公元732年的普瓦提埃之战中被法兰克人击败。

从8世纪末至9世纪初，法兰克王国在加洛林王朝的统治下迅速扩大。查理曼（768—814年在位）从伦巴底人手中夺得意大利北部，并打败德国的撒克逊人，吞并了今天的德国和奥地利的大部分领土。公元800年，查理曼由教宗利奥三世加冕称帝，此举不仅延续了罗马帝国的辉煌，巩固了加洛林王朝的权力，更提升了教宗的地位。查理曼大帝统一了西方基督教世界的大部分地区，定都艾克斯－拉－夏贝尔（今亚琛）。但在公元843年，他的几个孙子签订了《凡尔登条约》，王国再度分裂[45]。当然，马扎尔人、维京人和阿拉伯人的侵犯也是导致分裂的原因之一。德意志王国一跃成为中流砥柱，国王奥托一世于公元962年加冕称帝，取得了可与拜占庭皇帝齐名的头衔。

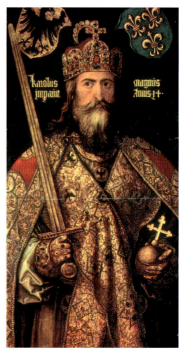

左下图：如果阿拉伯人在普瓦提埃之战中获胜，那么历史会改写吗？对此，爱德华·吉本持肯定态度，但现代历史学家却表示怀疑。

上图：查理曼大帝建立的法兰克王国统治着西欧大部分地区，但王国最终却被他的几个孙子一分为三。

普瓦提埃之战（公元732年）

18世纪晚期，历史学家爱德华·吉本提出，如果阿拉伯人能在普瓦提埃战胜查理曼的法兰克大军，那么整个欧洲基督教世界将被倾覆。但也有一些现代历史学家认为，阿拉伯人此次远征只是一次惯有的劫掠，军队数量庞大、来势汹汹，一旦获胜便会选择与基督国家加强合作，以维持阿拉伯在法国的强势统治。与许多战役一样，普瓦提埃之战对其中一方（法兰克人）的意义更大。此战失利后，阿拉伯人再也没有进犯过法国。

征服世界之人

从公元 5 世纪至 15 世纪，中亚地区一些民族的轻骑兵在侵略战中屡屡获胜，大大消耗了西方罗马帝国[46]的实力。尤为值得一提的是蒙古人，他们在成吉思汗（约 1162—1227 年）及其继任者的带领下，从中国挥军一直打到匈牙利。有证据表明，由于草原气温下降影响了牧草的生长，生存危机成了蒙古人加速侵略的催化剂。不过，能适应各种作战环境的能力令众多中心城市纷纷落于蒙古人手中，比如 1215 年占领北京；1219 年攻陷布哈拉；1240 年征服基辅；1258 年夺取巴格达。他们还在 1241 年成功入侵波兰和匈牙利。

欧洲人从未打败过蒙古人，不过幸运的是，成吉思汗的精力主要放在中国和中亚地区。1241 年，当成吉思汗的继任者窝阔台大汗去世的消息传来后，在欧洲征战的蒙古人这才掉转马头。蒙古在其他地区的扩张进程也因失利而中断：一次是 1260 年攻打叙利亚时，被埃及马穆鲁克人（中亚的奴隶兵出身）击退；另一次是 1281 年进攻日本时，却因遭遇风暴被日军击退。

蒙古是世界历史上陆地面积最大的帝国，它的建立被认为是持续不断的全球历史的起点。东西方之间的信息、技术和思想交流都得以加强，但这也扩大了 14 世纪时黑死病的传播范围。当时"丝绸之路"打通诸多城镇，蒙古人吸收各地的文化传统，加强沿线城镇的联系，并进一步将商路延伸至包括黑海沿岸城市在内的西方各地。此举对中国和波斯（今伊朗）的关

上图：成吉思汗是世界历史上最大的陆地帝国的缔造者。

马可·波罗：报道中国

威尼斯商人马可·波罗称自己于 1271 年离开威尼斯，1275 年抵达蒙古大汗忽必烈在上都的夏宫。他在蒙古国一直生活到 1292 年，随后被指派护送蒙古公主从中国前往波斯湾的霍尔木兹。虽然马可·波罗所说的话的准确性遭到了质疑，但它无疑丰富了欧洲人对中国的认识，中国的富饶给他们留下了深刻印象。同时，这也证明了人类能够在陆路长途旅行的能力。马可·波罗认为自己从威尼斯一路跋涉 25000 公里才抵达北京，而非 11000 公里。这也给了人们一种错觉：从欧洲到中国遥远到需要跨越大西洋，以至于后来哥伦布在向西航行时，对发现的新大陆产生了认知偏差[47]。

在这片多元文化交融的土地上，蒙古人并没有建立政府机关或学术机构等官僚体系来辅助统治。他们既没有类似于基督教会的传教和教育组织，也没有像中原王朝那样将儒学引入官僚和文化体系。重视传统和秩序的儒家思想，自汉代以来极大地帮助了中国帝王的统治。

最终，蒙古帝国还是难逃覆灭的命运。它的崩溃沉重地打击了欧亚大陆间的贸易往来和思想交流。从1259年开始，蒙古宗王之间兵戈相向，最终帝国分

上图：在《加泰罗尼亚地图集》（1375 年）上可以看到马可·波罗商队。蒙古人通过"丝绸之路"加强了中国和波斯的贸易联系，但他们没有建立有效的官僚机构或教会组织来保证帝国的长治久安。

裂为四大汗国，随后而来的是进一步分裂，与公元前323 年亚历山大大帝去世后的马其顿帝国如出一辙。

后来，"跛子"帖木儿（1336—1405 年）效仿蒙古国。他建都撒马尔罕，先后攻占赫拉特（1381 年）、德里（1398 年）、大马士革（1401 年）和巴格达（1401年），领地范围涵盖中亚、伊朗、印度北部和中东。

临终之际，帖木儿还在计划入侵中国。他对叛变者实施血腥镇压。1387 年，帖木儿在镇压伊斯法罕（波斯）的起义中屠杀了约 7 万人，死者的头颅几乎可以堆成金字塔。中国、欧洲、南亚和西南亚诸国都无力招架帖木儿帝国这样的游牧势力。不过，1405 年帖木儿去世后，帝国最终瓦解。

上图：以撒马尔罕为中心的帖木儿帝国在亚洲急剧扩张。

　　蒙古帝国的灭亡意味着西方对外扩张的阻碍已被消除，而中亚各国间的紧密联系并未因此中断。大部分国家长期独立于西方的控制和影响，直到 19 世纪末俄国入侵，这一局面才被打破。

左图："跛子"帖木儿是成吉思汗的后人，以残暴的统治手段闻名于世。

城市和贸易

公元5—6世纪，虽然城市及其赖以生存的经济因"蛮族"的入侵而被严重破坏，但随后又逐渐复苏，这在中国尤为明显。公元8世纪，唐朝的都城长安（今西安）已有大约200万人口。对称的城市布局显示了当时中央政府的强大。长安城按照特定的职能区规划，街坊相邻，秩序井然。在中国文化中，空间的布局规划影响社会的发展，东亚各地或多或少都受到了它的影响。古代中国的城市化水平相当高，唐朝时已有十几个城市的人口超过30万；到了宋朝（960—1279年），贸易中转地杭州拥有100万居民，而伦敦那时仅有1.5万人；11世纪时，开封的商业财富远超欧洲任何一个城市。

亚洲的城市化进程不只在中国。柬埔寨的高棉帝国，建于9世纪的吴哥窟既是首都也是佛教活动中心，城内建有复杂的水道系统用以保存和分流季节性降雨。

贸易对城市的发展至关重要，港口城市的发展促进了主要经济体之间的贸易往来。公元1000年前后，印度洋的亚丁、印度南部的库拉姆马里以及马六甲海峡北端的卡塔哈都是当地重要的港口城市。500年后，亚丁、马六甲和文莱依旧是重要的贸易中心。

欧洲也出现了重要的贸易城市。威尼斯、热那亚和比萨凭借海事优势和经济网主导着地中海地区的贸易往来。而在波罗的海地区，如吕贝克等汉萨同盟[48]城市也是重要的贸易中心。

上图：高棉帝国的首都吴哥窟，又是佛教活动的中心。

中世纪的中国

忽必烈（1260—1294 年在位）是成吉思汗之孙，才能卓越。在他的领导下，蒙古人历经磨难，终于在1279 年推翻南宋政权，成为首个攻占中国江南地区的游牧民族。

14 世纪，由于统治阶级和被统治阶级之间的矛盾加剧，加之天灾的影响，蒙古人在中原的统治已是强弩之末。从 13 世纪 50 年代初开始，起义愈演愈烈。1356 年，一股重要的力量——红巾军，占领了南京，凭借其地理优势控制了长江流域。红巾军领袖朱元璋挥师北上，直捣北京，将蒙古皇帝赶回了草原。朱元璋随即自封为帝，建立明朝。此后，明军又相继击溃了中国西南部和蒙古东部的蒙古人。明朝的统治一直延续至 1644 年。

中国实行等级森严的君主集权制，主张皇权是天命所授、民心所向、现实所趋。中国人借鉴佛教、道教的核心思想，并结合占星术和炼金术，建立了一套形而上的秩序来解释天、地、人三者的相互作用。

中国也是技术发展的中心，如印刷术和火药的发明（见第 79 页）。11—12 世纪，活字印刷术已被广泛应用于印刷。

左图：朱元璋领导的农民起义，推翻了蒙古的统治，建立了明朝，称洪武帝。

上图：1279 年，忽必烈成为第一个统一中国的蒙古人。

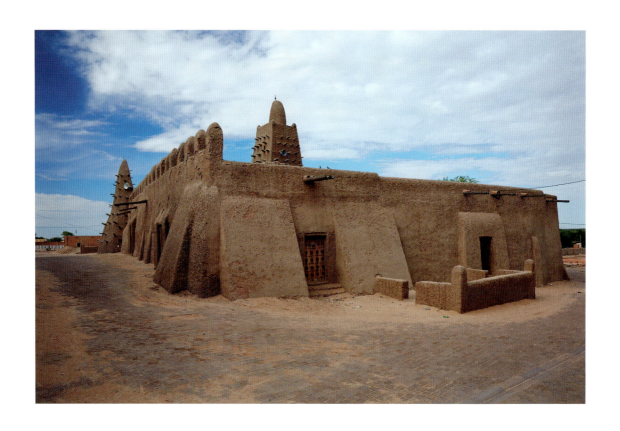

中世纪的非洲帝国

中世纪时，非洲取得了重大的政治进步。城市的发展成为世俗和精神权威传播的主要动力。639年，阿拉伯人首次攻占埃及，在经历了不寻常的发展之路后，这里成为倭马亚王朝和阿拔斯王朝的重要领地。在穆斯林的统治下，奴隶兵出身的马穆鲁克人享有重要的军事和政治地位，并于11世纪初发展为颇具影响力的战士阶层。1250年，马穆鲁克人举兵推翻了阿尤布王朝，不久后其势力范围远至叙利亚。

在西非萨赫勒带和东非沿岸，受伊斯兰教和贸易增长的影响，当地的城市迅速发展壮大，如尼日尔河边的廷内、廷巴克图、加奥，尼日利亚北部的卡诺，以及印度洋沿岸的摩加迪休、马林迪、蒙巴萨、基尔瓦和索法拉。这些重要的转运口岸将环境各异的地区连接起来，如尼日尔河接通了横穿撒哈拉沙漠的商路，

上图：位于廷巴克图的清真寺建于14世纪，是撒哈拉以南非洲地区典型的伊斯兰建筑。

左图：奴隶兵出身的马穆鲁克人的军事和政治地位逐渐上升。1250年，他们发动起义推翻了阿尤布王朝，随即掌控埃及。

或者从印度洋出发也可抵达东非内陆，这是一条进行奴隶贸易的重要航线。14世纪初，盛产黄金的马里帝国的皇帝曼萨·穆萨前往麦加朝圣，他在旅途中向全世界显露了西非的富庶，轰动一时，但也招来了贪婪的北非统治者的觊觎。

在非洲东南部，大津巴布韦帝国依靠黄金和牲畜贸易壮大起来，其首都大津巴布韦也发展为大城市，它于11—15世纪建成。值得一提的是，该城于11世纪修建的皇家宫殿尤为壮观。然而，在非洲大部分地区，特别是非洲南部，狩猎、游牧或农耕仍是主要的社会形态，并没有催生出任何强大的国家或政体。

由于非洲劳动力短缺，对人力资源的占有变得和控制领地同等重要。这巩固了非洲普遍存在的奴隶制度，而长期存在的奴隶贸易也是重要助力，特别是撒哈拉以南非洲地区与伊斯兰世界之间的奴隶贸易。

上图：以雄厚财力而闻名的马里皇帝曼萨·穆萨。

改变世界的物品：火药

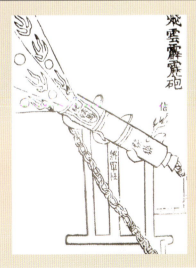

9世纪时，中国人发明了威力巨大的火药。这是一种可快速燃烧的高推进剂混合物，在武器方面，它最先被用于火箭和喷火器，之后约在1163年被用于火炮。大约在13世纪中期传入阿拉伯，后由阿拉伯传入欧洲。之后不久，手持火器便出现在了战场上。这些武器射程远、杀伤力大，过去坚不可摧的城墙如今也能被火炮攻破，这引发了战争形态的重大变革。

左图：中国在9世纪发明了火药。14世纪，使用金属火铳作战（如图）已是中国战争的一个重要特征。

哥伦布抵达前的美洲帝国

在 1492 年西班牙探险家抵达之前，美洲已出现地域辽阔的帝国和文明。虽然没有马匹、印刷术和火药，但美洲的人口在 1400 年已占世界人口总数的 14%。

15 世纪，阿兹特克人在墨西哥中部建立了城邦帝国，秘鲁的印加人则建立了一个更辽阔的帝国，疆域覆盖今厄瓜多尔、秘鲁、玻利维亚和智利北部的大部分地区。在北美，密西西比文明影响了落基山以东的大部分地区，农业文明在今天美国的西南部方兴未艾，而北极地区则被图勒的因纽特人掌控。中南美洲的森林地带涌现出大量以农业生产为主的定居点。美洲各地普遍崇拜祖先，并且创造了洞穴岩画等形式的古代美洲艺术，比如波多黎各的泰诺人就留下了诸多作品。

在美洲的政权中，印加帝国最为复杂。印加人在 15 世纪征服了这片土地。他们实行劳役制度，修建了覆盖整个帝国的公路网。国家的统治

左图： 印加人的"奇普"是一种结绳记事法，收集归档后由专人负责保管。

右图： 约 1000—1450 年，密西西比河沿岸诞生了复杂的文明。

密西西比文明

约 1000—1450 年，密西西比河流域成为混合众多首长部落和主要城镇文明的中心，如卡霍基亚和芒德维尔。位于乔治亚州的埃托瓦占地 22 公顷，小镇的外围筑有一圈防御工事。在 16 世纪西班牙人到来之前，密西西比文明已经衰落。和早些时候美国西南部的其他文明一样，干旱可能是导致密西西比文明消亡的原因之一。

右图：密西西比河流域的霍普韦尔文化以其独特的动物雕刻闻名。

者被称为"太阳的后裔"。印加人还发明了一种名为"奇普"的结绳记事法，收集归档后由专人保管。档案大多放置于可进出的墓穴内，或许绳结记录与永生、神灵有关。

从1427年开始，阿兹特克帝国自墨西哥山谷向外开疆拓土。在阿兹特克文化中，皇帝是神的化身，战神维齐洛波奇特利被奉为守护神，以活人祭祀神明也是该文化重要的组成部分。尽管阿兹特克人善用结盟来巩固统治，但他们和印加人一样，都极度崇尚武力。

玛雅文明

关于玛雅文明的记载不多（鼎盛期约为公元290—900年），但能确认的是，玛雅人在危地马拉丛林和尤卡坦半岛建立了城邦，尤卡坦半岛的建筑至今仍令人赞叹不已，尤其是奇琴伊察的阶梯式金字塔。虽然缺乏轮车、驮畜和金属工具，他们已能通过陆路和海路进行盐、黑曜石、宝石、黄金和铜等贸易，贸易带来了权力和财富。他们还创造了象形文字体系，并通过观测天象发明了复杂的历法。运用现代激光技术扫描这些地区后，人们发现玛雅时期的人口足有1500万，而非之前认为的500万。扫描结果还显示，危地马拉北部的玛雅各城市之间曾筑有堤道网络，这反映出当时发达的贸易水平。不过，玛雅文明衰落的原因至今仍是个谜，或许是干旱范围的扩大导致大量人口最终断了水粮。

上图：活人祭祀在阿兹特克文化中极为重要。事实上，"荣冠战争"就是他们为了获得祭祀用的俘虏而发动的例行战争。

右图：奇琴伊察的阶梯式金字塔显示了玛雅城邦在古典时期的强大实力，但其衰落的原因仍是个谜。

中世纪的科技

在中世纪，世界大多数地区在科学和技术方面取得了重大成就。不过，现代社会将宗教、文化，以及理性思维和理性追求分门别类、加以区分的观念在当时尚不可行。例如，神学在欧洲被称为"科学的皇后"。在13—14世纪的欧洲，很多关于表象和现实之间关系的讨论仅限于哲学和宗教范畴，并且大多数与基督教愿景的正确性以及《圣经》解读的本质等问题相关。只有少数学者重视客观事实、实验过程和实用学问，英国修士罗杰·培根（约1214—1292年）便是其中一位。他在深入了解基督教上帝创造的宇宙秩序时，感受到了阿拉伯世界的知识进步。

11—13世纪期间，大学在欧洲各地涌现，如巴黎、博洛尼亚、那不勒斯和牛津等地。这些城市也成了欧洲的思想中心，那里的评论家深受托马斯·阿奎纳（1225—1274年）的影响。阿奎纳将大学里的哲学理论课程与亚里士多德的著作进行整合（有的译自西班牙和西西里流传的阿拉伯语版本，有的译自希腊语），对现有知识的内容、研究方法和理论体系进行了合理化的构建。

虽然有限的技术能力限制了科学在世界范围内的发展，但进步仍在一些地区进行着。对风能和水能的利用比古典时期更为频繁，高炉炼铁的出现以及中国印刷术的发明，都充分说明了这一点。

上图：罗杰·培根（约1214—1292年）采用科学的方法理解宇宙秩序。

伊斯兰世界的知识

伊斯兰世界地域广袤，远方的信息、思想和技术通过征战、贸易和旅行被源源不断地传递来并加以利用。穆斯林的统治区域一般从印度和中亚地区延伸到非洲西北部和西班牙。中亚的商路联结了东方和中东，直至撒哈拉沙漠的另一边，而阿拉伯商人则利用他们的天文知识，航行于印度洋和地中海。阿拉伯商人借助季风在印度洋上继续东行，8世纪时已能到达广州。伊斯兰世界借鉴希腊的经验推动了地图绘制的进步，特别是埃及。递归或学究式的论证法也被伊斯兰教引进马德拉沙（伊斯兰宗教学校或大学）——源于佛教的毗诃罗[49]。这一论证法最初由佛教学者提出，对未来科学方法的形成至关重要。

上图：伊德里西于1154年为西西里国王罗杰二世绘制的地图。该图绘制得非常精确，展示了伊斯兰世界思想和信息的广泛交流。

右图：马德拉沙学校是伊斯兰教的学习中心，当时已采用学术方法做研究。

中世纪的生活百态

对于个人而言，中世纪的世界充满了敌意和不可预测性。人们无力阻止灾祸的发生，虔诚供奉也于事无补，一场饥荒或瘟疫便可让多年的努力顷刻间化为乌有。争取独立变为兵革之祸，生活拮据转而沦为乞丐，这样的事屡见不鲜，两者的界线轻易便可跨越。面对种种灾难和风险，许多人开始转向信仰宗教，以寻求解脱。

面对庞大的人口，卫生和饮食成了首要难题。恶劣的居住条件导致呼吸道感染高发，人满为患又缺乏沐浴设施，加上人们长时间不换洗衣服导致虱子滋生，这还只是其中一个原因。臭虫、跳蚤和绦虫等也让中世纪的人们备受煎熬，无论是穷人还是富人。

用净水洗澡在中世纪尚未普及，与动物接触以及居所的粪堆都会传播疾病。清洁饮用水的匮乏亟待解决，特别是在沿海地区和没有深井的低地地区，粪便常常会污染水源，这会引发一种致命的疾病——斑疹伤寒。

营养不良降低了人体免疫力，大大增加了传染病的患病概率。因为营养不良，人们性致寥寥，能成功怀孕的妇女不多，婴儿的死亡率也很高。食物紧缺，物价又高，大多数人都缺乏均衡的饮食，即便食物充足，也达不到健康饮食的标准。城市贫民的食物问题尤为严峻，他们买不起水果蔬菜，肉更是奢望，而且由于缺乏衣物鞋袜，他们常常衣衫褴褛。农民的饮食也很

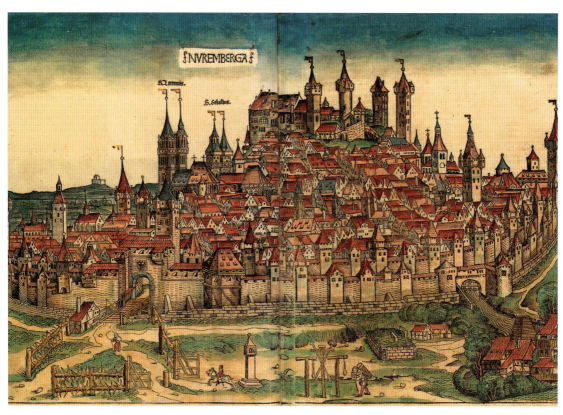

上图：城市的现实生活往往与当代艺术家描绘的田园诗般的画面相差甚远。

上图：在中世纪，农民为了填饱肚子必须付出艰苦的劳动，并时刻受到疾病的威胁。

单调：蔬菜粥或清汤是家常便饭，很少会有肉类。

人们的工作环境也很艰苦：经常接触铅和汞等有害物质，建筑工作尤其危险。磨工在粉尘飞扬、嘈杂不堪的磨坊里劳作，常常要忍受虱子、哮喘、疝气和慢性腰背痛的折磨。

为了改善公共卫生条件，当时的人们也做过努力。宗教和市政机构设立医院等公共场所用以隔离感染人群，如果条件允许，还会对病人进行救助。威尼斯政府曾投入大量钱财用于治疗病患，以防威尼斯和亚得里亚海沿岸港口暴发疫情。他们采取了一系列措施，不仅禁止带有病原体的船只靠港，还致力改善公众的卫生条件。

15 世纪初，意大利的帕多瓦大学成为医学和解剖学研究中心，主要目标就是解决传染病的问题。由于印刷术的普及，新的医学信息能够被印刷成册，广泛传阅。不过，民间疗法和灵性介入等传统治疗手段在当时依然占据重要地位。在意大利圣吉米尼亚诺的圣奥古斯丁教堂，贝诺佐·戈佐利创作了一幅描绘圣塞巴斯蒂安[50]祈祷场面的壁画，展示了人们以此来守护城市，抵御 1464 年的瘟疫。在一些特定的社区，对传统治疗手段的笃信成为其礼仪以及社区居民认同感的重要组成部分。

封建制度

11 世纪，封建制度是西欧大部分地区主要的政治控制和社会组织形式。本质上，它是一种领主和封臣之间的私人关系，在崇尚忠义的时代被加以巩固。封臣们获得土地，作为回报，他们通常以骑士（重装骑兵）的形式为君主提供军事服务。从现代意义上来看，这种以统治者与封臣商定领土、赋予其统治权和确立严格公民关系的存在，并不是真正的国家。事实上，当时有许多封臣在自己的土地上拥有最高统治权，尽管每个人名义上都要效忠于国王或某个统治者。在接下来的几个世纪里，这种以土地所有权换取军事服务的制度仍是主要的政治组织形式，直到 19 世纪，工业化、城市化、征兵制和民族主义的出现才从根本上改变了这一状况。

赋予土地、给予保护

国王

领主

骑士

农民

表明忠心、提供军事服务、缴纳赋税

右图：君主和附庸的关系是封建制度的核心。社会结构中较低的阶层需要向君主表明忠心并提供军事服务，以换取领主的保护。

城堡

虽然早期城堡一般是简单的土坯或木质结构，但其修建仍需耗费大量人力和时间。若以木材建造，一般会选取土垒加围栏的组合结构或者环形结构。随着时间的推移，一些主要的城堡（如伦敦塔和骑士堡）都用石头进行加固，这样既能防火，城墙也难被攻破。

左图：叙利亚的骑士堡是一处具有纪念意义的防御要塞，它是 1142 年由医院骑士团在一座阿拉伯旧堡垒的基础上修建而成。

市场经济的传播

随着中世纪欧洲的贸易量大增，货币的功能开始发生转变，尤其是支付劳动报酬和租金需要大量货币。为了简化借贷的流程，新的金融工具应运而生，比如汇票。这是一种支付凭证，商人在甲国获取汇票后可拿到乙国兑换现金；商人凭汇票还可预支后面的营运资金。

贸易增长和货币的大量使用影响了社会发展的构想和实践。随着商品、服务和土地贸易市场的扩大，印度洋沿岸地区也一并发展起来，这让东亚、东南亚同南亚、西南亚以及东非连成一片，形成了一个增长速度强劲的贸易区。

下图 . 1459 年绘制的弗拉 · 毛罗地图囊括了马可 · 波罗等欧洲人在亚洲的新发现。

上图：黑死病让欧洲失去了大约三分之一的人口，整个欧洲满目疮痍。

黑死病和社会

　　除了运输货物以外，贸易路线也成了疾病传播的管道。14世纪暴发了一场可怕的瘟疫——黑死病，它的传播是各类生物之间广泛接触的体现。它由黑鼠身上受感染的跳蚤以及人类身上携带的虱子进行传播。

　　鼠疫导致世界人口数量急剧下降，在16世纪以前人口一直维持在相当低的水平。"小冰河期"[51]的到来，造成了气候的持续恶化，使得疫情变得更加糟糕。这导致欧洲多达三分之一的人口死亡，劳动力极为短缺。东欧的农奴制由此产生，这是一种将劳动力世世代代束缚在土地上的劳役制度，它为农业生产提供了大量劳动力。当时农业经济正处于借贷风盛行且低效

率的状态，要维持一定数目的劳动力几乎别无他法。农奴制本质上是一种以个人为领主提供服务用以换取土地耕种权的不平等契约制，这使得它能与基督教教义共存，但奴隶制就不是这种契约制。

　　在西欧，劳动力短缺为农民提供了摆脱农奴制束缚的机会。英国维持劳动纪律的尝试，导致了1381年农民起义的爆发（虽然最后以失败告终）。农村地区存在更大的压力，随着商品经济的发展，农业生产愈加迎合市场需求，这导致越来越多的人放弃了粮食生产改为养羊。转行的目的不是获取肉类，而是生产服装业所需的羊毛。服装业在意大利北部和比利时（尤其是布鲁日和根特）发展起来，最后是英国。

左图：1381 年的英国农民起义，体现了黑死病后农民阶级自治意识的增强。

下图：灵性介入在中世纪人民的生活中依然占据重要地位。这幅创作于 1464 年的圣塞巴斯蒂安壁画，就是用来抵御瘟疫的。

欧洲教会也受到了中世纪晚期危机的影响。关于教宗选举和权力的争论导致 1305—1377 年教宗权从罗马转移到阿维尼翁，以及 1378—1417 年的教会大分裂——发生在西方基督教世界效忠于罗马教宗和阿维尼翁教宗的地区之间。传统的教会权威和服从模式受到冲击，促成了分裂。

大洋洲人的早期思想

澳大利亚的贸易、技术和宗教信仰的发展仍然与欧亚大陆隔绝。这里的原住民通过绘画表现祖先的故事，以及与环境的传统关系，其象征意义往往难以解读。他们在各种介质上进行创作，创作了墓穴装饰、树皮画、岩石画和雕刻等。土著部落及其物质文化的特性鼓励表现形式的多样性。这些艺术由当地人，也为当地人而创作，因此具有浓重的本土色彩。澳大利亚的岩画和雕刻描绘的多是神话人物，在特定的岩石上创作。它们似在诉说这片庄严神圣的土地可跨越世代而存在。岩层和水洞被视为物理和超自然的实体，而非死气沉沉的存在，因为土著人相信"梦"（祖先）会在其间穿行，过去和现在的时光在这里交织。

在新西兰，毛利人讲故事的传统由来已久，内容基于对地理及地貌的理解。由于口述世界的信息记录、分析和交流都要依靠口口相传，他们取名常常是为了纪念诸如旅行之类的事件。毛利神话大多是关于半人半神英雄毛伊的，据说新西兰的岛屿就因他而生。初代定居者的独木舟在哪里着陆有着特殊意义，因为他们的宗谱要向上追溯到乘舟而来的人。如果声称是毛伊神的后代也有利于部落的征战，因为部落神之间的冲突也是征战的一部分，获胜者会在征服之地统一精神信仰。

波利尼西亚旅人

在新西兰北部，约公元前 1000 年，南太平洋波利尼西亚人的祖先到达了斐济－萨摩亚地区。自公元前 200 年起，波利尼西亚人划着双壳独木舟陆续在太平洋的众多岛屿上定居下来：大约 300 年抵达复活节岛，400 年迁入夏威夷群岛，1200 年定居新西兰。这些成就令人敬畏。波利尼西亚航海者根据星象判断方向，还能看懂由群岛引起的海浪变化。此外，他们还会用枝条（通常是椰叶的中脉）和贝壳制作海图或星图。

左图：澳大利亚人的岩石画往往绘在特殊的岩层上。

上图：英勇作战的拜占庭海军士兵。

第五章 文艺复兴和启蒙运动

1500—1750 年

15—18 世纪被称为早期近代。得益于新航路的开辟、文艺复兴和宗教改革的兴起，1800 年，西欧的势力已触及每一片有人迹的大陆，但内部无休止的征战却让他们深陷泥淖。在别的地方，印度的莫卧儿王朝和中国的满族各自建立了幅员辽阔的大帝国，而美洲的各大帝国则在列强的炮火和肆虐的疾病中日渐式微。

探索海洋

西汉时期（公元前 206—公元 25 年），中国的舰队抵达了东印度洋。到 11 世纪时，已能频繁地往返于南海和东南亚之间；而中国早在 13 世纪以前就有了航海图。

下图：郑和舰队的帆船比同期的欧洲船要大得多。

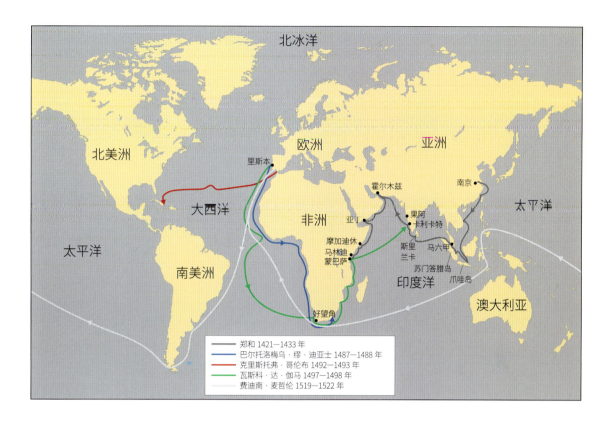

北冰洋

北美洲

欧洲

亚洲

里斯本

霍尔木兹

南京

太平洋

大西洋

非洲

亚丁

果阿
卡利卡特

太平洋

南美洲

摩加迪休
马林迪
蒙巴萨

斯里
兰卡

马六甲

苏门答腊岛

好望角

印度洋

爪哇岛

澳大利亚

郑和 1421—1433 年
巴尔托洛梅乌·缪·迪亚士 1487—1488 年
克里斯托弗·哥伦布 1492—1493 年
瓦斯科·达·伽马 1497—1498 年
费迪南·麦哲伦 1519—1522 年

上图：15 世纪末，航海技术的进步让无畏的探险家越走越远，超越了历史上任何一个时期。

右图：1405—1433 年，郑和率领浩浩荡荡的中国宝船舰队开启了跨越印度洋的探险之旅。

15 世纪初，郑和率领船队几度探险印度洋。除了要谋求更大的军事和政治利益，他们还期望借机树立威望、觅得奇珍异宝和技术，其规模和构想堪比现代的太空计划。远航计划将会增加中国的纳贡国，这对中国了解世界局势至关重要。郑和的船队沿印度洋北部海岸航行，远至东非海岸。

此次远航的政治目的要高于商业目的。但由于蒙古人进犯内陆，加上国内政局有变，以及人口和财政问题日益严重，中国不得不改变战略，集中精力处理内忧。明朝政府在 15 世纪 30 年代下令结束航海，之后再也没有重启该计划，因此中国的地图和书籍中仅有对大洋彼岸情况的少量记录。

15 世纪，政治因素还促使葡萄牙及后来的西班牙展开了一系列探险航行。他们不只是为了占领拥有黄金等财宝的富庶之

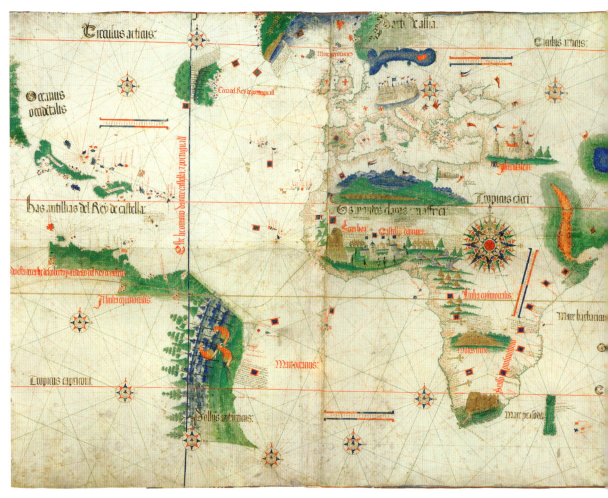

上图：坎迪诺平面球形图展示了葡萄牙人在大西洋和印度洋的地理发现。

左图：克里斯托弗·哥伦布在寻找前往亚洲的新航线时发现了美洲。

地，还想与伊斯兰世界争夺领地。1492 年，克里斯托弗·哥伦布向西航行，希望能开辟通往亚洲的新航线，筹集资金重新夺回圣地耶路撒冷。实际上，他最终发现的是西印度群岛。

1488 年，葡萄牙航海家巴尔托洛梅乌·缪·迪亚士绕过好望角，沿着一条新航线进入了印度洋，从而避开了穆斯林控制的埃及和红海地区。1498 年，同为航海家的瓦斯科·达·伽马抵达卡利卡特，完成了从欧洲到印度的第一次全海路航行，并用重型加农炮击退了抵抗的印度船队。

葡萄牙人迅速穿越印度洋，到达中国和日本，

并在沿线建立了众多军事据点，如 1511 年征服的马六甲。这些军事据点是之后葡萄牙崛起为新海上商业帝国的关键所在，他们将印度的果阿设为东方领地的首府，还在中国澳门和日本长崎建立了交易站。

1519—1522 年，费迪南·麦哲伦完成了世界上首次环球航行。这也是有记载以来，人们首次环绕南美洲南端和横渡太平洋的航行，尽管波利尼西亚人也进

右图：1498 年，瓦斯科·达·伽马绕过好望角，成为第一个到达印度的欧洲探险家。

行过远洋航行。世界的大小和形状越来越为欧洲人所了解，古代地图和地理学家的权威地位被颠覆，被奉为行事准则的传统惯例也受到了巨大冲击。

西欧诸国凭借其雄厚的国力，一旦战胜新大陆的土著帝国便马上开金采银，增加流动资金，这为与亚洲的贸易提供了资金保障。西班牙坐拥多座矿山，墨西哥的白银和玻利维亚波托西的"银山"都归其所有。虽然西班牙从中获利颇丰，但与其进行贸易的国家才是最大的赢家，尤其是法国和英国。大量的财富使得他们能够承担与亚洲的贸易逆差，从那里进口商品。

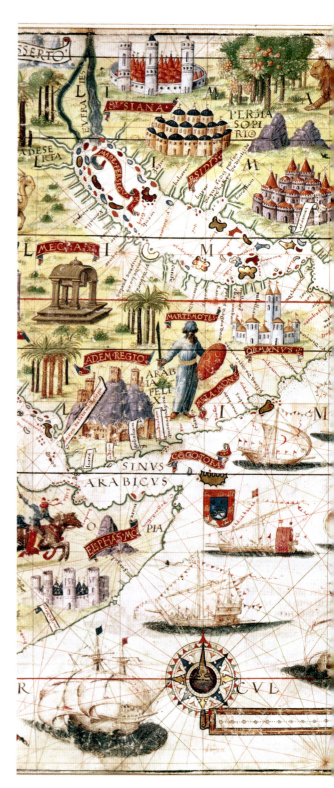

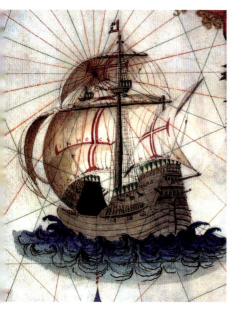

上图：新大陆为西班牙人带来的大量财富促进了其与亚洲的贸易。而西班牙银元（或称"八里亚尔银币"）也成为整个美洲的首选货币。

左图：得益于造船技术的进步，远洋航行得以实现。

右图：《米勒地图集》表明欧洲人对世界的大小和形状已有了更准确的理解。

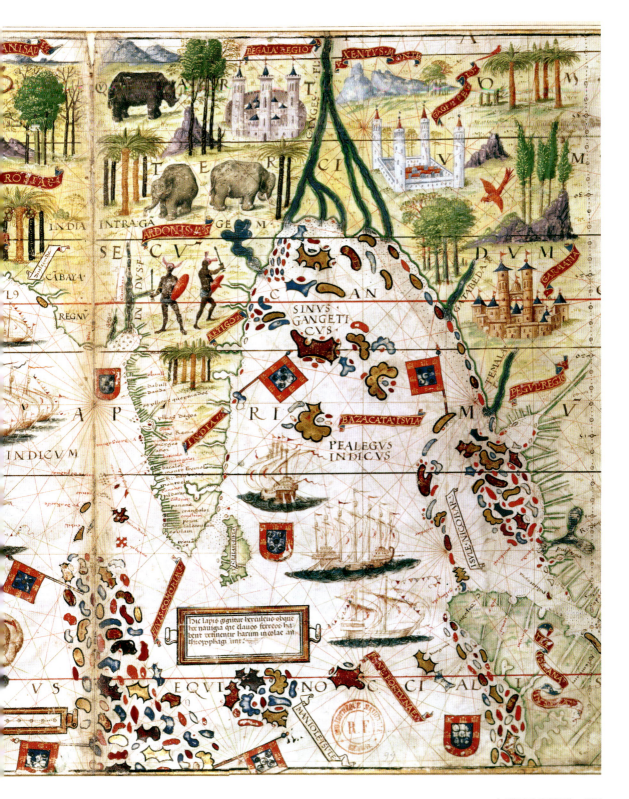

我们如何出行：航海

上图：从 15 世纪晚期开始，和印度洋上的船只相比，欧洲船只越造越大，越造越坚固。

无论是帆船、划桨船，或是集两者于一身的桨帆船，这些大型木船都是当时最昂贵、最强大和最先进的交通工具。建造大型船舶是当时主要的工业活动。15 世纪晚期，由于小型帆船的打造技术（将船体木板沿船身边缘连接）开始普及，欧洲船不仅比印度洋上同类船的船体更坚固，还能搭载较重的枪炮。

索具的发展提升了船的速度、机动性以及利用风向航行的能力。桅杆数量的增多也扩大了索具的选择范围，在某根桅杆损坏的情况下仍能保证航行的安全。12 世纪，西方人开始将指南针用于航海。

数学被广泛用于绘制欧洲大航海时代的地图，尤其是 1569 年"墨卡托投影"[52] 的使用。印刷术也普及开来，不仅能印制地图，还能用于知识和技术的系统归纳和传播，如航海专著的出版：爱德华·莱特的《航海术中的某些错误》（*Certain Errors in Navigation*，1599 年）、托马斯·艾迪生的《航海算术》（*Arithmetical Navigation*，1625 年）等。

海盗

海盗活动通常发生在国小力微的地区，比如东南亚海域。海盗们不仅从本地贸易商那里收钱，还会打劫长途贸易商船。为了对付他们的强征强索，各国不得不沿海部署军舰，攻打海盗的陆上基地。英国拥有当时最强大的海上力量，开展了一系列颇有成效的打击行动，如 18 世纪时清扫加勒比地区的海盗；18 世纪 50 年代击退印度水域的马拉地海盗；19 世纪，逐出东南亚和东亚地区的海盗，尤其是加里曼丹岛北部海域。一些知名的海盗后来被民间传奇化，如"黑胡子"爱德华·蒂奇，一位封锁了查尔斯顿、于 1718 年被杀的英国海盗。

上图：世界各地的贸易路线上都有海盗出没。在地中海，巴巴里海盗长期与欧洲海军为敌。

征服美洲

　　西班牙于 1519—1521 年击败了墨西哥的阿兹特克帝国，又于 1531—
1535 年征服了秘鲁的印加帝国，建立了世界新秩序。不过，与在欧洲作
战时不同，西班牙人并未在新大陆投入大量资源用以保护自身利益。虽
然钢制的头盔和剑给他们带来了优势，但西班牙的胜利并不是全靠武装
力量。在与阿兹特克人的战斗中，西班牙人许诺当地人，若加入盟军便
有机会功成名就，这一策略对当地人卓有成效，如特拉斯卡拉人被成功
收买。当地人的投靠反映出阿兹特克统治的弊端，尤其是他们对附庸民
族的失败管理。

下图：在当地盟友的帮助下，埃尔南·科
尔特斯仅凭 500 名西班牙士兵就打败了
数目庞大的阿兹特克大军。

印加人和阿兹特克人没有枪炮和马匹，战斗方式与公元前1世纪时铁器时代的人无异。他们没有金属武器，仅靠木头和石块作战。面对西班牙人的火器，他们的投石器、木棍和黑曜石剑纷纷败下阵来。1519年，埃尔南·科尔特斯在墨西哥韦拉克鲁斯登陆时，仅有500名西班牙士兵、14门小型火炮和16匹马。弗朗西斯科·皮萨罗攻打印加人时也仅有168名士兵、4门大炮和67匹马。

可怕的不仅是西班牙人，还有他们带来的疾病，尤其是天花。美洲居民从未感染过天花，因此毫无免疫力。天花夺走了约一半阿兹特克人的性命，几乎摧毁了这个民族，加勒比海地区的人口大幅下降。奴隶的流动更是加剧了疫情的扩散，如巴哈马群岛的阿拉瓦克人被带到伊斯帕尼奥拉岛的金矿劳作。

羸弱的统治阶级也是阿兹特克帝国失败的重要原因。惊恐的阿兹特克皇帝蒙特祖玛被科尔特斯迷惑，

上图：弗朗西斯科·皮萨罗的军队到达时，印加正处于动荡时期，他仅凭168名士兵便征服了一个庞大的帝国。

下图：阿塔瓦尔帕是印加帝国皇位的继承人之一。他被俘后，西班牙人利用他打败了他同父异母的弟弟瓦斯卡尔。

他担心科尔特斯有可能是神或强大国度的使者，迟迟不愿采取行动。在阿兹特克的文化中，人和神的界限并不明确，两者有重叠的部分。科尔特斯因此顺利进入位于墨西哥中部的阿兹特克首府——特诺奇提特兰，而无须从海岸一路奋战。1520 年，蒙特祖玛在一场争端中被杀，他精力充沛的弟弟奎特拉瓦克继位，却于同年死于天花。

当西班牙人到达秘鲁时，印加帝国正陷入阿塔瓦尔帕和他同父异母的弟弟瓦斯卡尔的皇位继承争夺战中，力量已不复往昔，因此内部集团没能及时应对西班牙人的入侵。最终阿塔瓦尔帕被俘，西班牙人利用他扳倒了瓦斯卡尔后，随即将其处死。

西班牙征服美洲之后，改变纷至沓来：殖民者带着牲畜定居于此，基督传教士改变了当地的宗教信仰和仪式；统治者引入了新的管理制度和土地所有制，西班牙人和土著在一定程度上融合——西班牙人认可了当地贵族的存在及其地方文化，土著也接受了西班

上图：瓦斯卡尔继承父亲瓦伊纳·卡帕克的王位，成为印加皇帝。受到皇位继承争夺战和西班牙入侵的影响，他的统治时间非常短暂。

左图：西班牙传教士决心在新大陆传播基督教。

上图：曼科·印加的儿子图帕克·阿马鲁是印加的末代君主（1571—1572年在位）。1536年，曼科·印加在秘鲁领导了一场反对西班牙统治的大规模起义。他召集了20万名战士并宣布建国，他们一直抵抗至1572年。

牙人的统治。如此一来，在遭受极为残酷的破坏之后，一些本土的宗教教派让位于基督教。

在美洲，土著部落被贴上了严酷、原始和未开化的标签，这不仅促使侵略者发动了残酷的全面战争（比如在墨西哥），还坚定了他们消灭其社会特征的决心。当地的宗教场所被大肆破坏，一些难以接受的习俗被根除。虽然基督教信仰的部分内容在西属美洲尚能有所让步，但将基督教奉为唯一宗教这一点却不容辩驳。

欧亚大陆的大部分冲突都是宗教使然。尽管奥斯曼帝国、莫卧儿王朝和清王朝都确立了统治，但并不能完全消灭异教的活动。在美洲，西班牙人在消除异教神灵上进行了不懈努力，并通过控制土著劳动力来削弱当地贵族的地位。但由于西班牙人及其后裔从未在数量上超过土著或混血儿，所以还是把大片土地留在了归顺的土著手中。莫卧儿王朝在征服印度北部时也遇到了类似的情况。

西班牙人将改变宗教信仰视作优越的象征，认为这是发动战争的正当理由，也是维系统治的方式。事实上，西班牙人对当地文化的猛烈攻击远比莫卧儿王朝在印度的行为要严重得多，毁灭式的破坏和疾病一同摧毁了当地社会。这一结果是西班牙借鉴"收复失地运动"全面征服的模式所致。

16世纪，由于欧洲大陆的政治和文化发生了一系列重要变化，西班牙开始实行更加严酷的统治。奥斯曼帝国崛起，复兴的伊斯兰势力踏入欧洲基督国家的领土（包括奴役基督徒的国家）。宗教改革后，基督教国家之间因为信仰分歧冲突迭起，这些都深深地影响了当时的西班牙人。

当地部落对政权的不满导致阿兹特克帝国和印加帝国的崩溃如大厦之将倾，西班牙人发现巩固其统治并非易事。在秘鲁，西班牙的征服完成后不久就爆发了一场大起义。起初瓦斯卡尔的弟弟曼科·印加佯装是西班牙的傀儡，1536年他从皮萨罗的监禁中成功逃脱，集结了一支20万人的大军。为了继续抵抗西班

牙的统治，他们被迫躲进比尔卡班巴的丛林，一直到1572年曼科的儿子图帕克·阿马鲁去世，这股残余势力才被消灭殆尽。

在北美和南美的其他地方，西班牙人也遭到了当地部落的抵抗。这些部落的地理环境、经济状况、社会形态和政治组织各不相同。一些部落发展程度较高，如哥伦比亚内陆高地被称为"祖母绿之乡"的穆西卡。1536年，贪婪的西班牙人在一次远征中攻占该地，但由于地势险要，当地人的抵抗让西班牙人吃尽了苦头。

从西班牙殖民地的领地范围和统治手段，可以判

上图： 1539—1542年，埃尔南多·德·索托远征密西西比地区，给当地居民带去了致命的疾病。

断出土著部落抵抗的强弱程度。在没有当地盟友支持的地方，西班牙的统治困难重重，如在智利中部，他们在1598—1604年被迫从中央山谷南部撤退，从那以后，比奥比奥河彼岸的阿劳坎人才得以享有独立和自由。墨西哥北部的奇奇梅克的游牧勇士箭法精湛，西班牙骑兵难以靠近。不过，西班牙人召集了一些土著盟军替自己参战，冲突由此转变为游牧民族和定居民族之间的长期斗争。土著也会抓捕西班牙人的马匹来

加强自身的机动性。久而久之，西班牙人最终放弃了奴隶掠夺等激进的政策，转而通过赠送礼物和基督教传教活动来收买对手，以缓解紧张的局势。殖民者和被殖民者还在活动边界划立了"中间地带"，在此区域内双方以协商代替暴力争夺。在墨西哥北部，西班牙政策的转变为定居点的增加和堡垒的修建创造了条件。

有关黄金的传言鼓动着西班牙人从墨西哥向北进入美国内陆。弗朗西斯科·巴斯克斯·德·科罗纳多最先到达了今美国的新墨西哥州，1540年又从那里进入北美大草原。最终证实传言是假的，那里与墨西哥相比并没有什么特别之处，因此在埃尔南多·德·索托之后再无来者。1539—1542年，索托野蛮地劫掠了密西西比河下游及附近地区。1541年，他在莫比尔（今

阿拉巴马州的塞尔玛）击败了乔克托人，由于当地人没有马，西班牙骑兵轻而易举地就控制了这片开阔地带。索托死后，德·莫斯科索于1542—1543年率兵进入今得克萨斯州东部。

远征给殖民地带去了疫病，而当地实行的殖民政策更是让疫情迟迟不见好转。种植园和采矿业是殖民地的主要经济活动，劳动力的严重短缺一度让生产难以运转。西班牙人的解决办法简单而粗暴——去殖民地之外疯狂掠夺。16世纪，他们从洪都拉斯和尼加拉瓜抓来大量土著充当奴隶。

贩卖奴隶的行为增加了部落间的冲突，破坏了社会稳定。之后，西班牙王室立法声明，要将土著视为预备归信基督教的臣民而非奴隶，并致力于减轻牧师的压力，这在一定程度上削弱了西班牙辖

左图：西班牙的监护征赋制将土地和土著家庭分配给殖民者，但因过于残暴而遭到西班牙政敌的批评。

区对土著劳动力的控制。1542年颁布的《新法律》（Leyes Nuevas）正式废除了土著奴隶制度，但这一法律在秘鲁的西班牙人中引起了躁动，当地许多官员和地主选择置之不理。此外，新推行的劳力分配制度（如将土地和土著家庭分配给殖民者的监护征赋制）和强制移民制度（如部分男性被迫离家工作的重新分配制度），其实还是变相的奴隶制度。

在墨西哥北部及其他边境地区，虽然土著奴隶仍然重要，但运输成本决定了他们更倾向于从大西洋彼岸的西非购买奴隶。起初，非洲奴隶需从西班牙转运才能抵达西属美洲，但从1518年起，名为"阿先托斯"的许可证批准了奴隶可以直接由此运输。运输成本使得非洲黑奴比土著奴隶更昂贵，因此黑奴常被当作家奴，这是一种较高的奴隶身份，也凸显了他们的高成本。

到16世纪中叶，非洲作为奴隶的输送地变得越发重要，其中黑奴的体魄比土著奴隶更强健是原因之一。在接下来的一个世纪里，被贩运至美洲的黑奴数量猛增，不过他们的成本仍高于当地劳力。当地劳力为了偿还债务也会放弃自由，以提供服务抵债。

西班牙的势力继续向美洲以外的地区扩展。1565年，西班牙人首先在菲律宾宿务岛建立军事基地，接着是在马尼拉。他们以国王腓力二世（1556—1598年在位）之名命名菲律宾群岛，至此，腓力二世成了统治首个"日不落"帝国的君王。

莎士比亚笔下的美洲

英国人也建立了殖民地。在威廉·莎士比亚（1564—1616年）的一生中，在新大陆建立殖民地（尤其是1607年得名于伊丽莎白一世的弗吉尼亚）是英国取得的重大进展。弗吉尼亚和百慕大都曾被认为是戏剧《暴风雨》（该剧于1611年首次在宫廷上演）的灵感源泉。莎士比亚在作品中描述了当时知识的传播，如在《第十一夜》中，玛利娅评论上当的马伏里奥："他满脸堆笑，脸上的皱纹比添了东印度群岛的新地图上的线路还多。"在《亨利八世》中，莎士比亚还写到伦敦人对到来的印第安人的迷恋："女人们为什么围着咱们？难道宫里来了那玩意儿很大的印第安人？"他笔下的英国大众被新奇的事物牢牢吸引。在《暴风雨》中，特林鸠罗看到岛民卡利班向公众展示的场景就像是在英国赚了钱一样：

"在那里，不管哪个放假了、闲着没事干的傻子都会掏出块银洋瞧一瞧；在那里，这个鬼东西能让你发大财；随便什么稀奇古怪的东西都能让你发财。他们不愿拿出一个铜板给跛脚乞丐，却愿意拿出十个铜板去看一个死了的印第安人。"（《暴风雨》第二幕第二场）

上图：那个时代的新发现被莎士比亚写进了戏剧。

改变世界的物品：糖

在甜味剂匮乏的时代，糖会让人上瘾。但种植甘蔗是件苦差事，因为甘蔗适宜生长在炎热潮湿的热带地区。1424年，葡萄牙人开始在大西洋的马德拉岛实行种植园奴隶制，因此诱发了大规模的奴隶贸易。依赖奴隶的糖业经济从这里向葡属殖民地巴西蔓延，之后又发展至西印度群岛。大约1600年，巴西已有192家糖厂；而1684年，英国从西班牙手中夺来的牙买加已有246座甘蔗种植园。

奴隶主要来自西非，那里的奴隶贸易规模庞大、根基稳固，早已为伊斯兰世界输送了大量奴隶。新大陆东海岸的人口结构、经济状况、社会和政治面貌皆因非洲的奴隶贸易而改变。大约有1250万奴隶从非洲运往美洲，但因大量奴隶死于途中，最终抵达美洲的仅有约1070万人。他们被迫从事各种各样的工作，主要是在种植园里劳动，生存条件十分恶劣。

糖是种植园的主要利润来源，此处还有烟草、咖啡豆和可可豆等产品。糖作为替代蜂蜜的甜味剂，供不应求，反过来又刺激了对糖业的投资，供求关系的调节使得17世纪时的糖价下跌。加糖的饮品口感更好，在欧洲大受欢迎，比如苦涩的巧克力饮料因加糖后变得香甜而备受青睐，这也增加了巧克力的主要成分可可豆的进口量。由于含咖啡因饮料（包括来自中国的茶）的消费量上

上图：17世纪出现的糖业经济需要大量的劳动力进行高难度的危险工作。糖和奴隶制的发展可谓是同气连枝、密不可分。

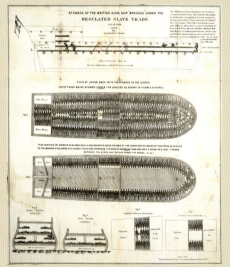

左图：超过1250万奴隶被塞进船舱从非洲运往新大陆，旅途环境极为恶劣。

升，糖的需求量也随之增加，茶壶在家庭中也逐渐普及。制作果酱、蛋糕、饼干和药品时也会添加糖，这再一次证明了糖的普及程度。

奥斯曼帝国

当欧洲人忙着建立海上帝国时，陆上帝国也在非欧洲世界扩张。奥斯曼原是一个穆斯林十耳其部族，13世纪晚期，他们在安纳托利亚建立了一个公国。由于1204年的第四次十字军东征，拜占庭帝国被攻陷，首都君士坦丁堡元气大伤，奥斯曼人得以在与拜占庭的长期对垒中逐渐扩大了领土范围。1354年，奥斯曼帝国占领了欧洲的加利波利半岛并当作据点；又在1389年的科索沃战役中大败塞尔维亚人，为其在14—15世纪成功征服巴尔干半岛铺平了道路。奥斯曼帝国不仅受益于拜占庭帝国的衰微，一些基督教国家挑战拜占庭的权威也给他们制造了机会。1402年，帖木儿

下图：奥斯曼土耳其人攻占君士坦丁堡，标志着地中海地区权力的巨大更迭。

帝国的入侵一度中断了奥斯曼帝国的扩张，但没有持续很久。1453年，奥斯曼苏丹穆罕默德二世占领了君士坦丁堡。

奥斯曼人结合了亚洲轻骑兵战术的快捷和步兵团的高效，并辅以火器，实力大增。16世纪早期，以部落起家的奥斯曼已成为一个超级大帝国。1514年，奥斯曼帝国苏丹塞利姆一世（1512—1520年在位）击败了刚刚战胜波斯的萨非王朝军队，于1516—1517年灭了马穆鲁克王朝，控制了叙利亚、黎巴嫩、以色列、巴勒斯坦和埃及。以埃及为起点，奥斯曼帝国的势力沿着北非海岸直达红海，并进一步延伸至亚丁。

塞利姆之子苏莱曼大帝（1520—1566年在位）在16世纪20年代将目标对准了欧洲大陆：1521年占领贝尔格莱德；1522年攻克罗得岛；1526年挫败匈牙利军队，但在1529年围攻维也纳时以失败告终。此后，苏莱曼将矛头转向萨非王朝，他从萨非人手中夺回伊拉克，欧洲基督徒失去了该地的控制权。不过，1565年的马耳他之战表明基督教世界尚有能力抵御奥斯曼帝国的进犯。

依托首都兼港口城市君士坦丁堡，奥斯曼帝国建立了强大的海军力量，势力远及印度洋和波斯湾，但未涉足辽阔的大西洋海域。1571年，在著名的勒班陀海战中，奥斯曼军队惨败于西班牙和威尼斯的联合舰

队。这并非因为他们的海军技术有重大缺陷，而是奥斯曼帝国过于依赖奴隶制度，桨帆战舰由奴隶操纵，精锐步兵团也多由奴隶组成。

17 世纪，奥斯曼帝国已有些力不从心。1683 年，它对维也纳的二次围攻遭到重创，被赶出了匈牙利。1717 年的另一场战役也以失去贝尔格莱德告终。虽然 1711 年他们在普鲁特河击败了彼得大帝的俄军，1715 年从威尼斯夺回了希腊南部地区，并于 1739 年再次攻占贝尔格莱德，但来自俄国的压力终究还是令奥斯曼帝国无力招架。从 1730 年年末到 1812 年，俄国占领了黑海北部海岸，并向多瑙河以南推进。

上图：1529 年的维也纳之围。

右图：苏莱曼一世。

近代的非洲

16—18 世纪，欧洲在非洲的殖民进程并不顺利。行动最多的葡萄牙于 1578 年在摩洛哥惨败，企图征服莫桑比克扩张内陆的计划也宣告破灭，而在安哥拉的扩张更是举步维艰。相反，非洲的穆斯林势力却是风生水起。1591 年，摩洛哥军队穿越撒哈拉沙漠，在汤迪比摧毁了位于尼日尔河谷的桑海帝国。再往东，穆斯林阿达尔苏丹国在奥斯曼帝国的支持下企图征服基督教的埃塞俄比亚王国。不过，自 1562 年起便统治着埃塞俄比亚的塞西 - 丁吉尔不仅粉碎了这一企图，还借机扩大了自己的领地。

撒哈拉以南非洲地区冲突频繁，获胜方能够俘获大批奴隶。虽然从美洲引进的玉米、红薯和花生养活了不少非洲人，如同土豆被引入欧洲的作用一样，但严重的干旱和饥荒还是会诱发战争。非洲人将俘虏奴隶视为一种削弱对手的方式，因此产生的大量奴隶使得奴隶价格非常低廉，这意味着欧洲人从非洲购买奴隶来满足新大陆的劳力需求变得更加经济实惠。非洲的农业状况进一步降低了奴隶的成本，这里普遍使用锄头耕作，效率低且利润不高，劳动力的价值十分有限。

17 世纪，非洲的战争形态发生了变革，火器的使用逐渐

上图：1578 年，葡萄牙人在摩洛哥的卡塞尔凯比尔之战中惨败。

左图：这个来自尼日尔河谷的战士雕塑可追溯到 16 世纪，说明青铜技术在当时已传至当地。

取代了赤身肉搏，军队规模也越来越大。由于美洲种植园经济的繁荣和大西洋经济的一体化，欧洲人的购买力变得十分惊人，比起其强大的军事实力，这才是他们在非洲更易获得战俘奴隶的真正原因。

文艺复兴

几个世纪以来，西方基督教国家的学术和文化大多局限于修道院和神学问题。研究重点也基本围绕着宗教教义，而绘画、建筑和音乐也主要为教会服务。一场旨在复兴艺术和文化的运动——文艺复兴，始于14世纪的意大利中北部。虽然它未完全改变这一局面，但却提升了社会对世俗问题和人的关注。自13世纪以来，中产阶级的财富与日俱增，尤其在意大利各城，富裕的公民渴望能为子女（尤其是儿子）提供更好的教育。

下图：从14世纪开始，意大利学者借鉴彼特拉克的著作，提出了以古希腊和罗马文学为灵感的人文主义学说。

亟待拯救的不仅仅是艺术。从 14 世纪开始，一群意大利学者受诗人彼特拉克启发，提出了一种以古典文学为基础的新式教育，他们称之为"人文主义研究"（studia humanitatis）。后来这些学者被称为人文主义者，虽然他们不反对基督教教义，但神学不在其研究范畴之内。他们把关注点从"人该如何侍奉上帝"转移到"有德行之人该如何做"。

文艺复兴时期也出现了艺术活动的高潮，代表人物有意大利艺术家拉斐尔、米开朗琪罗和列奥纳多·达·芬奇等。基于意大利人取得的技术进步，他们获得了极高的艺术成就，比如对透视法的理解和表达，以及对人体的描绘。在这一方面，多纳泰罗的雕塑尤其值得一提，他的代表作《圣乔治像》（约 1416—1417 年）和青铜雕像《大卫》（约 1440—1450 年）都被收藏在佛罗伦萨的巴杰罗美术馆。

由于意大利多元化的社会环境，文艺复兴运动异彩纷呈且充满活力。威尼斯、罗马和佛罗伦萨等城市成了文化创意的中心。在 15 世纪文艺复兴的初期，佛罗伦萨是活动的最前沿阵地，以拉斐尔和米开朗琪罗的画作为代表。16 世纪时阵地转移至罗马和威尼斯，代表画家有乔尔乔内、提香和丁托列托等。此处，佛罗伦萨历史学家弗朗切斯科·圭恰迪尼（1483—1540 年）论及这样一个观点：城邦和领地分立的政治形态造成了意大利社会的多元化和竞争性，从而催生了繁荣的艺术文化。至少对一些城市来说，这种彼此独立的政体为意大利发展独特的城市文化提供了契机。

文艺复兴思想体现了当时的人们试图理解新（复兴）信息，其中大部分是对希腊和罗马古典作品的重新解读，并致力于将其系统化为一种可帮助理解和阐释学问的自然哲学。文艺复兴推进了政府工作的改进，同时也体现了更冷酷的实用主义，以佛罗伦萨人尼科洛·马基雅维利为代表，他在《君主论》（The Prince,

上图：米开朗琪罗的《大卫》等诸多优秀雕塑是文艺复兴时期的标志性名作。

1532 年）中就君王如何夺取和巩固政权，提出了一系列相当残酷、讽刺又尖锐的建议。新旧观念共存于文艺复兴思潮中，相互交融，比如结合了科学和占星术的研究主要是关注天体的周期及其对人类生活的影响。

文艺复兴运动试图将世界理性化，调和自然科学和基督徒为追寻和平所做的奉献，将理性思辨与宗教、炼金术、魔法相联系。人们认为与秩序相辅相成的和谐本质上是善的，也是一种达到善的手段。艺术便是追求善的过程，精益求精的表现手法能够更好地展现神性和人性。为了实现这一目标，艺术和科学紧密结合起来，如对透视法的理解和应用就依赖于数学知识

的进步。

　　尽管文艺复兴起源并兴盛于意大利，但其影响也蔓延至其他地方。在欧洲北部的比利时，思潮在布鲁日、根特等主要城市生根发芽。文艺复兴时期的学者往往是精通多个领域的全才，尤其是列奥纳多·达·芬奇和荷兰学者德西德里乌斯·伊拉斯谟（1466—1536年），他们成果斐然，堪称代表。

上图：15 世 纪，佛罗伦萨是科学知识和文化创造的中心，但在 16 世纪被罗马和威尼斯取代。

右图：马基雅维利的政治哲学主张冷酷的实用主义。

近代的日本

　　欧洲的海上霸权几乎没有影响到日本。日本的大权基本由幕府将军（政府的首领）独掌，京都的天皇只保留了神圣的身份，几乎没有世俗权力。不过，幕府将军的实权被地方武士和当地军事统领所钳制。幕府将军家族内部的继承争夺引发了"应仁之乱"（1467—1477年），继而日本进入战国时代。武士首领"大名"崛起，其地位取决于持续的军事胜利。大名的代表织田信长于1560—1580年降服了大部分对手，但在1582年因部下谋反被迫自杀。织田信长的家臣丰臣秀吉在1582—1585年击败了主要政敌，自1587—1588年征服了九州岛，并在1590年打败了最后的反抗势力北条氏。1591年年底，日本基本完成统一。

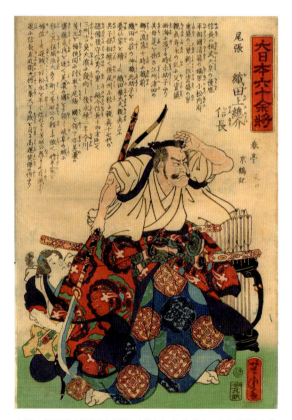

上图：织田信长是日本战国时代有权势的大名，不过最终未能掌控幕府的权力。

　　征服朝鲜和中国的失败使得丰臣秀吉元气大伤。因中国的介入，丰臣秀吉于1592—1593年和1597—1598年两度入侵朝鲜失利，后于1598年离世。随后，另一位大名德川家康崛起。1600年，德川家康基本扫清了敌对势力，最终在1614—1615年打败了丰臣秀吉之子丰臣秀赖。

　　由德川家康建立的德川幕府一直延续到1868年。这是一段比较太平的时期，日本无意对外扩张，甚至

没有为了加强对北海道北部岛屿的控制而对当地的阿伊努人动武。

和中国人一样，日本人深信居住在国家中心地区的人纯正善良，而住在"穷乡僻壤"的人道德败坏，因而削弱了向这些人学习的可能性和努力的动力。16世纪90年代，中国拒绝了日本要求平等外交的提议，而日本则通过限制其与朝鲜以及被征服的琉球王国的外交挽回了颜面。

上图：日本的"战国时代"（1467—1585年或1615年）。

与日本通商的欧洲人原本就不多。由于改信基督教的民众引发了一场暴动，虽然最后被镇压，但在1639年葡萄牙商人还是被驱逐出境。1641年，德川幕府只允许荷兰人在长崎的一个港口活动，又大大减少了日本与荷兰的往来。不过，到了18世纪，日本政治经济学家专注搜集中国的相关信息，力求为国谋利的方法，出版和学术活动显著增多。与此同时，由于人口增长且资源有限，特别是土地紧缺，日本局势急速紧张。虽然改革之声此起彼伏，可对于解决问题之道，社会上或多或少弥漫着一丝悲观情绪。

满族入关，清朝建立

14 世纪 60 年代末，元朝被推翻，明朝建立。之后，明朝被满族人推翻，不论是在当时的欧洲还是在亚洲，都没有比这更轰动、更充满戏剧性的事了。满族的先人是金朝的女真族，他们从 1126 年开始统治中国北方，直到 1234 年被蒙古人推翻。

女真族的大本营在中国东北东南部的山区，17 世纪初，在努尔哈赤（1559—1626 年）的领导下，女真族的势力扩张至长城以北。与蒙古首领成吉思汗一样，努尔哈赤也通过一系列组织管理（如设立八旗制度）克服了各部落不愿共事的心理，并使涣散的骑兵战队上下一心。

从 1618 年起，努尔哈赤多次进犯中原，同时他还效仿中原统治者的施政技巧和行政结构。在这一过程中，满族人萌生了取而代之之心，并最终取代了明朝。明朝当时正忙于加强专制，驱逐异己，而对外族的入侵疏于防范。

明朝末期政局混乱，特别是 1582 年后接连几任皇帝昏聩无能，中央政府越发专制，课税越来越重，各省雄心壮志之士纷纷自立。最终，群雄之一李自成攻破北京，崇祯皇帝（1627—1644 年在位）自缢而亡，其统治宣告结束。1644 年李自成兵败。满族人借助部分明军之力，迅速占领了北京，并于 1645 年攻占南京。

满族入关重新定义了忠诚文化，汉族和满族的差异逐渐弱化，民族界限也不再那么分明。满族的长久统治与其包容并举、兼收并蓄的文化政策不无关系，西班牙和英国分别在中南美洲和印度都不同程度地采取过此类策略。1680—1760 年，清王朝先后征服了台湾、西藏和新疆，疆域进一步扩大。

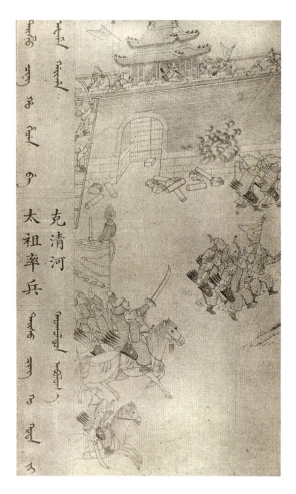

左图：从 1618 年起，驻扎在东北的满族军队多次进犯中原，并于 1644 年取代明朝，建立政权。

城市：主导亚洲的等级体系

在近代早期，世界的大城市都集中在亚洲，这些城市里居住着全世界三分之二的人口。由于政治和经济的重大变化，亚洲的城市等级体系也在更新换代。在印度北部，罗第王朝的首都阿格拉始建于1505年，从此逐渐发展为主要城市之一；北京和南京仍然是中国皇帝的政治中心；而在日本，蓬勃发展的江户（今东京）冲击了京都的地位。

然而，先是里斯本和塞维利亚，后是阿姆斯特丹和伦敦，欧洲以这些城市为据点，迅速扩张了海上势力，并获得了与日俱增的全球影响力。一些新城市也成为欧洲的管辖重地和商业中心，如西班牙在1519年建立的哈瓦那和巴拿马；法国、荷兰和英国分别建立了魁北克（1608年）、新阿姆斯特丹（1626年，今纽约）和开普敦（1652年）。

尽管许多城市强烈要求独立自治，但地方政权有效地扼制了这一态势。许多国家是通过强强联合发展起来的，一边是拥有土地的地方统治者或乡村地主，另一边是手握财政资源和商业利益的城市精英。这种模式在西欧很常见，但并不适用于社会地位、种族和宗教差异过大的其他地区。

上图：江户城（今东京）的繁荣冲击了日本旧都京都的主导地位。

18世纪，亚洲城市在全球仍占主导地位，但日渐受到欧洲城市的挑战。到1800年时，全世界有19个城市的人口超过30万，其中有5个在欧洲：伦敦（第3位）、君士坦丁堡（第8位）、巴黎（第9位）、那不勒斯（第14位）和圣彼得堡（第17位）。伦敦有东印度公司和哈德逊湾公司等贸易遍布全球的大企业，逐渐成长为世界大都市。1666年伦敦发生大火，重建后的伦敦宛如新生，给当代人留下了深刻印象。不过，在世界上的某些地区，城市并不重要，比如撒哈拉以南非洲就鲜有城市，而澳大利亚则一个城市都没有。

印度莫卧儿帝国

近代早期的印度由莫卧儿帝国主宰。1526 年，德里的罗第王朝被推翻，新成立的莫卧儿帝国位居印度北部。但在皇帝阿克巴（1542—1605 年）的统治下，帝国急剧扩张，疆域在奥朗则布（1658—1707 年在位）统治期内达到极盛。虽然莫卧儿王朝征服了印度中部地区，但来自西高止山区的印度教马拉地人奋力抵抗且势头渐长，纵使奥朗则布百般努力，还是无法消灭他们。

莫卧儿帝国建有天文台，尤其是 1722—1739 年在斋浦尔修建的那五个极其知名，但此时，他们还没有建立类似于西方的科学基础设施。莫卧儿王朝因为固守中亚先祖留下的遗产和遗训，没能合理应对知识、文化和经济层面的变化和挑战。即便如此，印度在科技上仍取得了长足的进步，对了解自然世界贡献了重要力量，并且对西方的科学知识产生了浓厚兴趣，这些都为后来英属印度时期的科学成就奠定了基础。

1674 年，马拉地帝国在德干高原建立。奥朗则布死后，马拉地人屡屡进犯，加之总督们闹独立也愈演愈烈，莫卧儿王朝饱受内忧外患之苦。1739 年，波斯的纳迪尔沙率军入侵印度北部；1761 年，阿富汗人又席卷而来，莫卧儿的势力被进一步削弱；1803 年，英国占领德里，并于 1857 年废黜了莫卧儿王朝的末代皇帝。

右图：奥朗则布在位期间，莫卧儿帝国的疆域已覆盖印度次大陆的大部分地区，却没能彻底粉碎西高止山区马拉地人的抵抗。

路德宗教改革

欧洲虽然在海外进行经济扩张，但内部却动荡不安。德国修士马丁·路德深谙人们对腐败的天主教会的不满，于1517年起草了《九十五条论纲》，并张贴在维滕贝格的教堂门上，公开表达自己的不满。路德发起的宗教改革运动，迅速从改良罗马天主教演变为建立一个新的宗教系统——新教[53]，以路德宗和加尔文宗为代表。新教徒否认教宗权威，主张从《圣经》而非教会中寻求认可，因而新教看重自己阅读《圣经》（民众的读写能力因此提高）。新教还提倡用民族语言取代拉丁语出版《圣经》。印刷术的发展保证了路德布道文的印制速度比教会销毁的速度要快，这也是宗教改革成功的重要因素之一。

宗教改革粉碎了原本重要的传统信仰模式，人们无须再为死者举行弥撒，教会、神职人员和圣迹遭到了攻击。新教徒声称，圣迹只发生在《圣经》时代（证实了《圣经》的起源），在那以后便不再出现，而天主教会的观点则是一派胡言。

新教在斯堪的纳维亚半岛、苏格兰、英格兰、荷兰以及瑞士和德意志的大部分地区被奉为国教。其中，英格兰圣公会自成一派；苏格兰、日内瓦、荷兰和德意志部分地区追随加尔文宗；路德宗则是斯堪的纳维亚半岛和德意志北部新教的主要形式。

面对新教取得的进展，天主教会为求复兴进行了一系列改革，即始于16世纪中期的反宗教改革运动。1545—1563年，特兰托宗教会议重申了教会的主要教义，建立了新的宗教秩序，并通过改革杜绝了买卖圣职

左图：宗教改革运动的深入离不开印刷术。很快，欧洲各地有了用当地语言出版的《圣经》。

下图：马丁·路德将《九十五条论纲》钉在维滕贝格一间教堂的门上，以此抨击天主教会的腐败，开始新教改革。

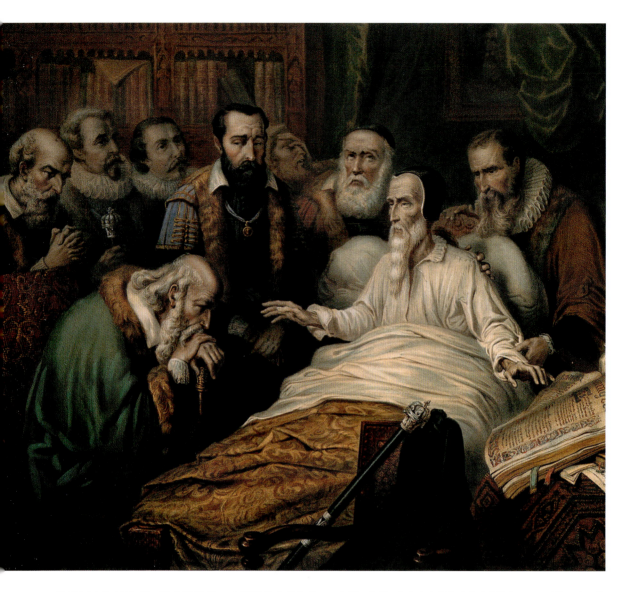

等滥用职权的情况，这些弊端曾一度腐蚀着中世纪各机构。1614—1648 年，焕然一新的天主教打败了奥地利、捷克、匈牙利、斯洛伐克、比利时、法国、波兰和德意志大部分地区的新教。

上图：约翰·加尔文宣扬的宗教改革教义不同于路德，这一教派在苏格兰、日内瓦、荷兰和德意志的部分地区被广为接纳。

欧洲混战

16世纪，与印度、日本等地一样，战争也是欧洲的主旋律。在15世纪晚期和16世纪早期，欧洲国家冲突频繁，由此可见，各国已有余力加大对军事活动的投入。随着人口从黑死病中渐渐恢复，欧洲国家在政治团结、行政体系和经济发展方面都有了明显改善。虽然自16世纪20年代以后，新教改革加剧了人口分化，国家的政治统一受到冲击，但16世纪的人口增长确保了更多的人力和财力来源。

日益增强的实力和成熟的政治体系在海上尤为明显。与15世纪相比，欧洲舰队的规模和实力上升了几个层级。海洋实力和海洋战争都需要详细的规划、后勤保障、政治承诺、管理能力、领导才干和大量训练，以及适应技术革新所带来的挑战能力。由于欧洲复杂的军事和政治状况，16—18世纪，没有任何一个国家能够称霸欧洲。通常是那些经验丰富、斗志高昂和部署妥当的军队会赢得战争的胜利，就像三十年战争[注]（1618—1648年）期间，瑞典于1631年在布莱登菲尔德击败奥地利军队一样。如果战争双方势均力敌，那么胜负往往取决于突发状况或其他因素，比如地形、物资供应和两翼骑兵的战况，因为获胜方的骑兵能够自由攻击侧翼或后方的步兵团。围城也是当时战争的常用模式，在攻城战中，花费大力气兴建的防御工事往往抵挡不住先进武器的攻击，尤其是威力强大的火炮。

海陆军的高昂成本常常令参战国难以负担。于是，许多小国会选择雇佣军来满足对高质量士兵的大量需求。16—17世纪的欧洲一片混战，瑞士卫队、德意志雇佣军，以及苏格兰和爱尔兰的武装随从都证明了雇佣兵是非常有利可图的职业。

上图：16—17世纪的欧洲战场是步枪和长矛的天下。

右图：1631年，瑞典国王古斯塔夫·阿道夫在布莱登菲尔德会战中赢得胜利，这在很大程度上归功于拥有一支纪律严明、经验丰富的军队。

欧洲混战（1560—1648 年）

16 世纪至 17 世纪初，欧洲的"宗教战争"导致了新教和天主教的尖锐对立，并延续至今。两者的对立使得西班牙称霸西欧的梦想破灭，而奥地利哈布斯堡王朝也无法消灭敌对势力。因此，信奉基督教的欧洲仍是"多极的"。此外，西班牙的失败促进了荷兰和英国海洋力量的发展，以及野心的膨胀。

战争对物资以及军事力量的要求与日俱增，从而对参战国的发展产生了越发深远的影响。资本主义划分了国家内部的资源以便政府能够随时调集，一些特定的机构也因此建立，如 1694 年成立的英格兰银行。

上图：许多国家依靠雇佣军来满足其军事需求。德意志的雇佣军备受推崇，且价格不菲。

1550	1560	1570	1580	1590	1600	1610

1562—1598 年
法国宗教战争

新教和天主教之间的斗争让原本稳定的法国陷入混乱中。最终，王权于 1598 年彻底倾覆。外国势力的介入令局势变得更加扑朔迷离，直到 16 世纪 90 年代后期，法国才勉强恢复稳定。

1585—1604 年
英西战争

英国对西班牙镇压荷兰新教势力这一行为甚为不满，战争由此全面爆发。英国在海上劫掠西班牙的贸易船只，并攻击西属殖民地。1588 年，西班牙派出"无敌舰队"企图征服英格兰，但最后全军覆没。

1568—1648 年
八十年战争

西班牙统治下的尼德兰各省反抗国王腓力二世进一步限制他们的信教自由，最终引发了这场漫长的战争。结果是西班牙夺回了今天的比利时，尼德兰成功独立（今天的荷兰）。前者（随西班牙）主要信奉天主教，后者则信奉新教。

欧洲的战与和（1562—1763 年）

| 1620 | 1630 | 1640 | 1650 | 1660 | 1670 | 1680 | 1690 | 1700 | 1710 | 1720 | 1730 | 1740 | 1750 | 1760 |

1688—1697 年
九年战争

在这场战争以及随后的西班牙王位继承战（1701—1714 年）中，法国国王路易十四在欧洲的大规模扩张计划被奥地利、英国和荷兰的联盟粉碎。

1740—1748 年
奥地利王位继承战争

崛起的普鲁士王国是左右战争局势的关键因素。由于普鲁士的介入，受法国支持的詹姆斯党未能推翻英国的统治。

1756—1763 年
七年战争

在这场战争中，英国占有了法国的大部分海外殖民地和西班牙的部分殖民地，一跃成为最强帝国。强大的海军力量、灵活的两栖作战能力和雄厚的财力都是英国的制胜关键。

君主专制

欧洲在经历了 1560—1660 年的纷飞战火后，内部迎来了一段相对稳定的政权巩固期，以法国国王路易十四（1643—1715 年在位）的统治为代表。君主们对权力处处受限的状况越发不满，声称"君权乃上帝而非臣民所授，君王不该臣服于臣民"的要求，因此建立君主专制制度，这在当时非常盛行。

一般认为，专制国家是由政府垄断权力并严格遵循君王意志行事的强大实体。实际上，意见相左的派系、难以把控的官僚机构以及外界要求的适度君主权，都限制着统治者的权力。在欧洲，人们非常排斥专制主义，且形成了对王室行为的既定规范，君权的行使因此大受限制。诸如法国枢机主教黎塞留等位高权重的谋士也有着非凡的影响力，部分原因是面见君主的机会掌控在他们手上。

不同于 19 世纪的民族主义那样，此时对一个王朝的忠诚尚未形成统一的意识形态。中央政府往往资源匮乏、信息闭塞且沟通不畅。治理和解决征税问题的最佳途径是与有社会影响力的人士以及地方当局合作。在专制主义的表象下，路易十四在修建气势磅礴

左图：宏伟的凡尔赛宫很好地粉饰了国王长期依赖地方机构和盟友之力的现实。

上图：被尊称为"太阳王"的法国国王路易十四是君主专制的象征。

的凡尔赛宫以及扩充军队时，都寻求了地方盟友和地方权势的协助。就连路易十四手下的高官也不得不与地方机构合作，而普鲁士政府的势力范围并没有延伸到贵族阶层。

第一次科技革命

宗教改革抨击了被奉为真理之源及守护者的天主教会，基于实证观察和测量的科学研究受到鼓励，为17世纪的科学革命开辟了道路。英国政府也积极参与进来，如1660年成立英国皇家学会。艾萨克·牛顿（1643—1727年）的成就代表了西方思想的重大进步。为了建立具有普遍适用性的明确因果关系，牛顿、罗伯特·波义耳等人提出了科学的反应定律。数学被引入物理系统后，根据科学的观测结果进行假设推断变得可行。对机械秩序的强调则意味着对过程与力的规律性及可预测性的普遍关注。科学革命让这个世界越来越多地被科学术语所解释，而这些科学术语源于西方，并与西方文化的方方面面相关。

科技在西方和世界其他地区之间形成了巨大的鸿沟，镜片的发展就是一个例子。与中国和伊斯兰世界相比，西方用玻璃制造镜片的设备和方法更为复杂。在西方，望远镜、显微镜和方便观察的玻璃化学仪器对实验研究有着深远的影响。1610年，伽利略借助望远镜发现了木星的几颗新卫星，大大增进了人们对太阳系的了解。设备和测量的标准化也方便了人们在科学、行政和贸易等领域的生活。

左图：艾萨克·牛顿发现了万有引力定律，这是17世纪欧洲科学革命的重要一页。

启蒙运动

启蒙运动是一场百花齐放的运动，部分原因是 18 世纪的欧洲越发看重评判性研究和理性的应用。启蒙思想家认为，摆脱专制统治和传统教义的束缚，以理性的视角看待人、社会和宇宙进而改善人类世界十分必要。以让－雅克·卢梭（1712—1778 年）为代表的思想家们批判现存的权威极大地限制了理性探索，但这并非是主流观点。大多数启蒙运动家对于普遍主义和颠覆性的理性理论都持一种基于实际国情和自身地位，并与传统权威相调和的中庸观点，鲜有人挑战基督教教义。

启蒙思想家之间意见相左，因此有了悲观主义和乐观主义之分，以及人道主义、自由主义、道德和极权主义等不同维度。除了宣扬宽容和理性的目标一致，轰轰烈烈的启蒙运动并没有统一的准则，比如有人反对苦修，也有人反对耶稣会。

国家政策也受到启蒙思想的影响。普鲁士的腓特烈大帝（1740—1786 年在位）、俄国的叶卡捷琳娜二世（1762—1796 年在位）和奥地利的约瑟夫二世（1764—1790 年在位）都是奉行"开明专制"的君主。他们致力于政府改革，力图改善社会状况并提升国家实力。开明专制的君主们抨击宗教权威和特权，支持宗教宽容和法律改革。

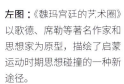
左图：《魏玛宫廷的艺术圈》以歌德、席勒等著名作家和思想家为原型，描绘了启蒙运动时期思想碰撞的一种新途径。

右图：让－雅克·卢梭是少数真正反对传统权威的启蒙思想家。

通信的发展

即使在启蒙运动时期的欧洲，距离问题也犹如敌人一般，准确的新闻消息就是奢侈品，人们对流言蜚语听之任之，只能靠后续消息来辨别真伪。由于难以预估派送的速度以及是否送达，同一信件经常重复多份从不同路径同时发出。若要从印度到英国，路线一是直接穿行中东；路线二是先穿越红海或波斯湾，然后转为陆路；路线三是从海路出发到好望角绕行。又如从君士坦丁堡（今伊斯坦布尔）到伦敦，既可以从陆路穿过维也纳，也可以先走海路，沿亚得里亚海抵达威尼斯后转陆路；或者从地中海航行至马赛后上岸改为陆路；还可以选择全程海路。

从 15 世纪开始，为了突破限制，邮政速递系统在欧洲发展起来。起初由政府经营，对公众开放。这对依赖消息的商人们来说意义重大，也对后来报业的发展繁荣至关重要。

道路的修建为人们带来了便利，尤其在日本和法国。尽管如此，信件的派送速度仍取决于动物的体力和耐力，在日本、撒哈拉以南非洲和南美洲等地，人力搬运也是重要的途径。降雨会影响路面状况，冰雪融化和暴雨都可能（导致水位暴涨）让人无法涉水或乘渡轮过河，干旱、冰冻和堰坝也会改变河流的状态，而冰雪则令山岭变得难以翻越。

18 世纪，由于经度测量的准度提高，船只位置的计算也更准确，加之方向舵的改进，海洋运输取得了显著进步。不过，强风或无风、冰冻以及粗糙的航海图都会影响海上航行。

在电报、铁路和轮船出现以前，信息的传递面临着环境的种种挑战。当时的信件和日记中时常会说起信件和信使的进度，以及频发的事故和突发状况，因此也就不足为奇了。

下图:欧洲和日本进行了大规模的道路建设，使得交通更为便捷，促进了邮政系统的发展。

中国与传教士

随着国家活动遍及世界各地，理解和适应不同文化成了当务之急。那些旨在宣扬普遍真理的文化，必须思考如何应对大相径庭的世界观。17世纪，耶稣会的教士试图让基督教精神适应中国的祖先崇拜等习俗，以便与中国民众建立联系。中国朝廷对耶稣会教士带来的科技颇感兴趣，因为沿海往来的西方人以及抵达西伯利亚以北的俄国人，让他们日渐意识到世界秩序正在发生变化。耶稣会向朝廷进献了火炮铸造、地图测绘和天文学知识。乾隆皇帝（1736—1795年在位）允许他们加入中国天文学会，以防止异党借助日食等天文现象大肆发挥。

右图：利玛窦（1552—1610年）是当时众多来华的传教士之一。

18 世纪的世界经济

新大陆的金银矿产尽在欧洲人的掌控中。葡属巴西（主要是米纳斯吉拉斯州）在 18 世纪发现了大量金矿，英国从这些金矿以及西班牙的银矿中获取了巨额的经济利益。依靠商业实力、稳定的政局、议会颁布的稳定国债，以及贵金属资源，英国政府实现了低利率借款。由于掌握了丰富的金银资源，西方较其他地区有了明显的优势。亚洲大国通过商品换取黄金，如中国向西方出口茶叶和陶瓷，而源源不断的黄金让西方人能够顺利地进入这些国家，并有足够的财力雇

用当地军队，英国和法国在印度也是如此。

凭借海外强权和随后发展的陆地实力，西欧得以深入开发美洲腹地。这里比任何一个非欧洲大国的领土都要广阔，也更有利可图，连疆域覆盖蒙古、西藏、新疆和黑龙江流域的中国都无法比拟。新大陆的腹地为西方提供了许多优势，比如到 1800 年，原住民已

下图：18 世纪，葡萄牙在巴西东南部的殖民地米纳斯吉拉斯州继续向外扩张。

无力威胁西方主要的美洲殖民地，防御他们的成本相对较低。这里也为他们带来了可观的经济利益，特别是未被密集耕作的肥沃土地、充足的水源以及相对平坦的地势。（所有这些都是中国内陆所没有的。）

北美的疾病问题也较少，不像热带地区，比如加勒比海地区和西非的欧洲殖民者，以及在18世纪60年代进入缅甸的中国人就很少患病。黄热病和疟疾是热带地区的痼疾，由于对病因一无所知，尤其是对病媒和传播途径（如疟疾通过蚊子传播）一无所知，因此情况愈加恶化。

从殖民地进口糖、咖啡、大米、可可、靛蓝和棉花等西欧无法生产的商品，利润可观。进口贸易推动了以西方为主导的跨洋贸易体系的建立，并促进了西方金融资本和商业组织的发展。其中，生产信息和市场信息的交流更为频繁，人们对风险的理解和把控也更精准。全球性贸易的发展指日可待。

中国的人口数量从1650年的1.5亿大幅增长至1800年的3亿左右，这在一定程度上要归功于从新大陆引进的红薯和花生，但中国和其他非西方大国并没有从中获得可与欧洲匹敌的经济利益。这些大国并不打算横跨大西洋去探索新大陆（即便大西洋比太平洋小得多）。但是，似乎没有理由不让这些人口稠密的大

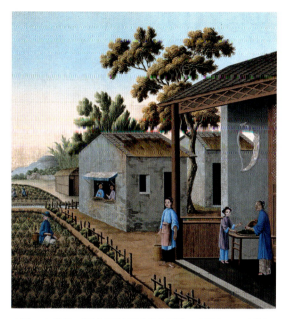

上图：18世纪，得益于新大陆作物的引进，中国人口迅速增长，但中国从中获取的经济利益和西方不可同日而语。

国去亚洲其他地方或更远的大陆进行殖民扩张。然而，中国的明、清两代，以及印度的莫卧儿王朝并不在意这种扩张，构建御敌的安防措施以及应对欧亚大陆内部的侵扰已经牵制了他们的大量精力。西方人对亚洲的跨洋贸易也大大地影响了当地海上基础设施的发展。

左图：到了18世纪，实现贸易全球化愈加指日可待。很快，中国的瓷器将会遍及全球。

第六章　革命浪潮和民族觉醒

1750—1914 年

19 世纪，欧洲和美国日益成为世界局势的主导力量。欧洲的政治、经济和文化全面发展，西方人自视立于文明之巅。*1756—1830* 年，西方世界天翻地覆：英国一跃成为列强之首。而由于权力和观念与从前不同，冲突之下，欧洲列强在美洲的殖民统治纷纷崩溃。伴随着以工业革命为名的经济格局变化，西方世界的这种转变为其于 *1920* 年控制世界上的大部分地区铺平了道路，唯有日本、埃塞俄比亚和泰国幸免。

右图：七年战争以英国的胜利收场，法国及其盟军将魁北克、佛罗里达和加勒比海的一些殖民地割让给了英国。

1750

1800

1775 年
北美爆发革命

1783 年
美国的独立地位
被承认

1789 年
法国大革命开始

1804 年
法属殖民地海地赢得独立，
革命结束

1821 年
玻利瓦尔领导
委内瑞拉脱离
西班牙的控制，
获得独立

七年战争（1756—1763 年）

1756—1763 年，英国在对法国及其盟国的多次战争中获胜，宣告了其海陆霸主的地位，推动了世界的现代化进程，从此，英国引领着 19 世纪的发展方向，如西属美洲的独立、自由贸易和自由经济秩序的建立都深受其影响。

1754 年，北美内陆爆发冲突，拉开了七年战争的序幕。英法的冲突因争夺俄亥俄河谷而起。双方于 1756 年正式宣战，战争全面爆发。起初，战局对法国更有利，但在 1758—1760 年英国军队攻占新法兰西（今加拿大）后，扭转了局面。英国政府早在 1759 年英军取得明显的海上优势之前，就决定在北美采取行动了。英军主力部队被派往北美，以便实施积极的进攻策略，这是影响后来北美局势的关键因素之一。坚定的政治立场也尤为重要，即便在 1755—1757 年屡次败北，英军仍激进向前，而非撤出北美。此外，英军还陆续夺取了法国在加勒比海、印度以及西非的大部分领地。1762 年，西班牙作为法国盟军参战，但英国随即攻占了西属殖民地的重要据点哈瓦那和马尼拉。

而在欧洲，1759 年，英国海军的多次胜利粉碎了法国的入侵企图，而英国的盟友普鲁士则在国王腓特烈大帝（1740—1786 年在位）的英明领导下击退了强大的法、奥、俄联军。战后签署的和平条约[55]让英国获得了魁北克、佛罗里达和加勒比海的一些岛屿。

1850			1900

1830 年
欧洲掀起革命浪潮

1851 年
中国爆发太平天国起义

1868—1869 年
日本幕府政权覆灭

1861—1865 年
美国南北战争

1848 年
欧洲开始新一轮革命浪潮

1857—1859 年
印度民族大起义

美国独立战争

美国独立战争始于 1775 年，本意是反抗英国议会在北美殖民地实行的高压统治，特别是税收政策。1776 年，战争的诉求变为争取独立。同年 3 月底，英国军队被全部赶出起义的 13 个殖民地。

作为海上霸主，英国进行了猛烈的反击。1776 年，英军攻占纽约，进而在 1778 年占领萨凡纳，1780 年夺取查尔斯顿。激烈的战事一直持续到 1783 年，难以预料谁是最后的赢家。英军在长岛战役（1776 年）、布兰迪万河战役（1777 年）以及卡姆登之战（1780 年）中获胜，而美军则取得了萨拉托加大捷（1777 年），但是双方都无法彻底击败对手。法国以美国盟友的身份加入战斗，这对局势起了决定性的作用，战争范围自此扩大到全世界。不久，西班牙也加入了法国的

下图：1776 年，13 个北美殖民地签署《独立宣言》，反抗英国的税收暴政。

行列。1781 年，英军在北美约克镇被美法联军击败。1782 年，英国国内爆发政治危机，以至于英国最终承认了美国的独立。不过，大部分英属美洲仍在英国的控制下。

　　获得独立的区域越来越大，特别是 1783 年英国将"旧西北部"[56]（阿巴拉契亚山脉以西地区）割让给美国，13 个独立殖民地的土地面积大大增加。其实，旧西北部原本没有美国人居住。在未告知也未征得原

上图：英军在约克镇战败，这是美国独立战争的转折点。

住民同意的情况下，美国人在这片土地上宣示了主权、挑起斗争并安家落户。他们认为，这些原住民仍处于人类发展的早期阶段，若非受到"开化"，根本没有机会分享北美的未来。野心和焦虑共同推动了美国的扩张，但这一进程止步于加拿大。此时，加拿大仍是大英帝国的一部分。

第二次科技革命

  革命并不局限于政治领域。18 世纪末，化学领域也取得了巨大进步，从此化学成为一门独立的科学，有一套属于自己的术语和方法论，与炼金术划清了界限。在这一时期，有 5 种气态元素被发现，约有 12 种气态化合物得到深入研究。安托万·拉瓦锡对此贡献卓越。1789 年，他提出气体的化学反应也遵循质量守恒定律，即化学反应生成的所有化合物的质量总和等于所有反应物的质量总和，气体化学渐成体系。亨利·卡文迪许（1731—1810 年）在 1766 年发现了氢气的特殊性质，并在 1781 年首次确定了水的成分。19 世纪，化学为染料的发展和各类新产品的涌现创造了条件。1800 年前后，亚历山德罗·伏特发明了伏打电堆（一种串联的电池组），极大地丰富了人们对电学的认识。

浪漫主义运动

  18 世纪末至 19 世纪初，浪漫主义运动席卷了欧洲，它强调艺术应该注重主观精神和情感表达，而不是按照既定的艺术规则进行创作。在音乐、绘画和诗歌等艺术领域，贝多芬、戈雅和华兹华斯等领军人物追求感觉和情绪的艺术表达。如同当时激进的政治运动，浪漫主义在艺术界掀起革命，尽管并非所有艺术家在政治上都是激进派。

上图：19 世纪初，强调情感和个人主义的新表现手法主导了当时的艺术创作。

左图：安托万·拉瓦锡是使化学成为一门独立学科的先驱。

18 世纪 90 年代的危机

18世纪90年代，世界危机四伏，各地冲突不断，军事集团之间相互抗衡。1790—1800年这十年间，法国大革命爆发；法属圣多明戈起义成功，并于1804年建立了美洲第一个独立的黑人国家——海地；俄国阻止波兰的独立运动；中国白莲教起义，英国也陷进泥沼。即使是那些看上去很成功的政权到1820年也都覆没了，如马拉地人的政权以及法国大革命和拿破仑统治下的法国都是如此。到1860年，中国人将会意识到制度的彻底变革迫在眉睫，但在1800年危机尚不明显。

统一夏威夷

卡米哈米哈一世统一了夏威夷群岛。他在夏威夷岛的西海岸设立了军事据点，这片海域常有欧洲船只出没，他便趁机抢夺枪弹火炮，并让俘获的欧洲人当火炮手。1791年，他赢得了夏威夷岛的统治权，并于1795年征服了毛伊岛和瓦胡岛。

左图：卡米哈米哈一世统一夏威夷群岛后，借鉴了欧洲的雇佣军制度和先进技术。

上图：杜桑·卢维杜尔在圣多明戈领导了反对法国统治的奴隶起义，并于1804年建立海地，宣布独立。

1700年，英国和俄国已是强国，到1800年更是难逢敌手。18世纪，英国、俄国和中国是世界主要的军事强国。

与中国和西方列强相比，由于缺乏完善的基层政治体制和稳定的军民关系，奥斯曼、莫卧儿和萨非等帝国的继任国则相对滞后。纵使土耳其的体制使其在帝国扩张时期所向披靡，但帝国雄风却未能长久维持，各省的叛乱更是土耳其治理无方的体现。

法国大革命和拿破仑

欧洲统治者对叛乱已是司空见惯，但 1789 年法国爆发的起义却尤为激烈。由于法国两党派间信任破裂，协商时双方未能达成一致，加之 1792 年法国与邻国开战，革命的势头越发强劲。1792 年，法国宣布成立共和国；1793 年，国王路易十六被送上断头台。掌权的革命派还下令废除基督教和封建制度。

1793—1794 年被称为"恐怖时期"，革命的激烈程度已经白热化，一些反作用也开始显现。1799 年，法国将军拿破仑·波拿巴发动政变，并成功掌权。此前，他因在 1795—1796 年屡次挫败奥地利以及 1798 年征服埃及而声名大振。拿破仑指挥军队取得了重要的战果，特别是 1800 年和 1805 年两度击败奥地利，以及 1806 年战胜普鲁士。拿破仑的军队机动性强，擅长集中兵力逐一攻破。他在乌尔姆战役（1805 年）、奥斯特里茨战役（1805 年）和耶拿战役（1806 年）中大获全胜。

拿破仑统治下的法国成了一个独裁的战争国家。他在国内试图推行改革，颁布了《拿破仑法典》，但几次错误的远征令他功亏一篑。如果说 1808 年法军入侵西班牙的结果仅是比较棘手的麻烦，那么 1812 年进攻俄国则很快演变成了一场可怕的灾难。拿破仑一路攻进莫斯科，但俄国的亚历山大一世拒绝和谈。最后，在严寒和俄国军队的双重打击下，法军死伤无数。这次惨败动摇了拿破仑帝国的根基，以至于拿破仑在 1813 年的莱比锡战役中再度失利。1814 年，反法同盟联军攻入法国，拿破仑被迫退位。新国王路易十八即位，波旁王朝复辟。

拿破仑被流放到厄尔巴岛，但在 1815 年他重回法国，轻而易举便再度掌权。面对强敌的回归，那些坐在维也纳会议[57]（1814—1815 年）桌前的欧洲列强并不打算坐以待毙。拿破仑入侵比利时，在滑铁卢战役中被英国（由威灵顿公爵指挥）、荷兰和普鲁士联军彻底击败。此后，拿破仑被流放到遥远的英国属地圣赫勒拿岛，1821 年在那里逝世。

上图：拿破仑·波拿巴是天资卓越的军事家，但最终因远征俄国而功败垂成。

殖民地

　　除了占据殖民地的土地，帝国列强还将本国的部分民众送到殖民地定居。自18世纪中期以来，世界人口大增、交通设施改善，这一进程变得更可行。这种情况在历史上并不少见，中国的汉人早有窜居新疆的先例，又如俄国人落户西伯利亚，以及英国人到北美地区(即后来的美国)生活。不过，19世纪出现的蒸汽船能够运载大批量的人，使得移民进程加速，尤其是英国。大批英国人前往加拿大、澳大利亚和新西兰等地定居，法国也将本国居民送至阿尔及利亚。

　　侨民在殖民地的待遇与原住民大不相同。定居下来的英国人迅速将殖民地往自治的方向发展，他们在加拿大渥太华仿照伦敦的新议会大厦建造办公大楼，就是这一进程的象征。英国最终给予本国侨民以管辖权，这意味着澳大利亚、加拿大、新西兰和南非获得了自治。与之相反，阿尔及利亚一直被视为法国的管辖地，因此需要派代表前

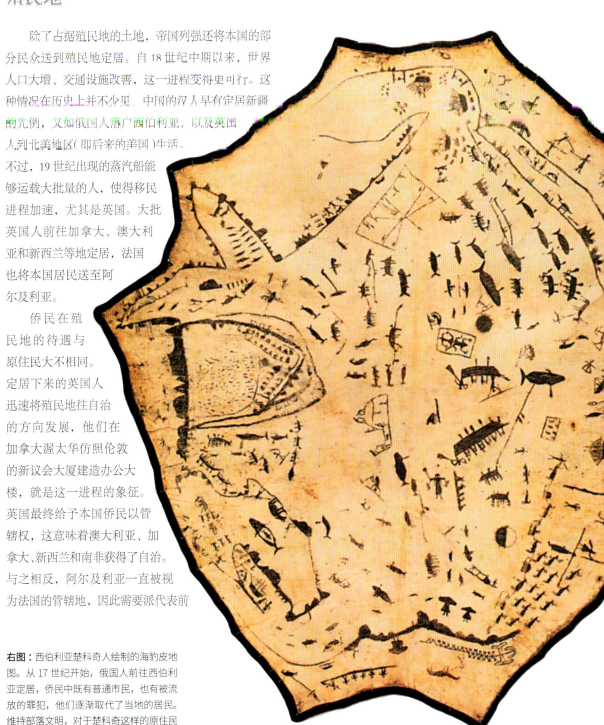

右图：西伯利亚楚科奇人绘制的海豹皮地图。从17世纪开始，俄国人前往西伯利亚定居，侨民中既有普通市民，也有被流放的罪犯，他们逐渐取代了当地的居民。维持部落文明，对于楚科奇这样的原住民部落变得非常艰难。

左图：政府对土地和财富的承诺鼓励了大批移民漂洋过海，在加拿大、南非和大洋洲的殖民地定居下来。

往巴黎参加议会。

　　侨民的自治在原住民稀少的地区最为成功，如澳大利亚。然而，自20世纪50年代以后，由于欧洲移民的后裔人数过少，他们在一些地区的统治根基开始动摇，如曾被法国统治但现已独立的阿尔及利亚和已经独立但仍由白种人统治的前英国殖民地南非。

罪犯殖民地

　　英国在澳大利亚建立居住点始于1788年，最初是为了安置犯人。安排犯人劳动这一旧模式成了发展殖民地的新方法。到19世纪，直接在殖民地修建监狱用来关押本国犯人成了新方式，比如西伯利亚的监狱中就关押着俄国犯人。

上图：一些殖民地最初被用作安置犯人，依靠犯人的劳动建立殖民地的基础设施。

拉丁美洲为自由而战

19世纪，欧洲在海外的扩张不总是一帆风顺的。从1800年到1820年，西班牙和葡萄牙在拉丁美洲的势力逐渐瓦解。拿破仑于1808年入侵西班牙造成的混乱削弱了西班牙对殖民地的控制。1814年，西班牙费迪南七世试图重建权威，却让形势更加恶化，爆发的起义从墨西哥一直扩散到智利。同美国独立战争一样，拉丁美洲的革命胜利也并非仅靠一己之力。

国际力量在这场冲突中扮演的角色举足轻重，这与北美如出一辙。长期以来，英国一直想对拉丁美洲进行商业渗透，便借机支持其脱离西班牙的殖民统治。英国提供志愿军以及外交和海上军事援助的行为让法国打消了支持西班牙的念头。拉美独立以后，西班牙和葡萄牙也没有再进行反攻。此后，英国与拉丁美洲的贸易往来密切，这里也成为英国投资的主要地区，特别是在铁路建设方面。阿根廷几乎成了大英帝国的从属国，直到后来英国的地位被美国所取代。

独立战争瓦解了拉丁美洲的官僚殖民政权，取而代之的是"考迪罗"制度，即地区首领凭借掌控的土地和武装力量建立的一种偏向个人化而非制度化的独裁政权。在拉丁美洲，武力已成为各国内部追求权力的普遍手段，而政权的更迭也往往是通过暴力手段实现的。

右图：西蒙·玻利瓦尔领导了南美洲反抗西班牙统治的起义。

西蒙·玻利瓦尔

玻利瓦尔（1783—1830年）堪称西裔美洲人的乔治·华盛顿，他是带领拉美人民战胜西班牙的重要领袖，西班牙殖民者先后被赶出哥伦比亚（1819年）、委内瑞拉（1821年）、厄瓜多尔（1822年）、秘鲁（1824年）和玻利维业（1825年）等地。坚韧的品格帮助他度过了这段屡屡失利的艰难时期（1810—1820年）。可是，这位"解放者"却无法将长久的政治稳定带给这些新独立的国家，之后他在这一遗憾中溘然长逝。

美洲奴隶制的终结

1800 年，奴隶经济在美洲地区盛行，尤其在巴西、加勒比和美国南部。但由于基督教福音的深入影响，新大陆在 19 世纪早期开始了轰轰烈烈的废奴主义运动（废除奴隶制）。1807 年，英国的奴隶贸易被终止。接着，各地的奴隶制度也陆续被废除：英属殖民地于 1833—1838 年最先废除，随后是 1848 年的法属殖民地和 1865 年的美国，以及 1888 年的巴西。巴西的奴隶制最为严重，被送往里约热内卢的奴隶数量是美国的十倍。

曾经的奴隶制体系发生了巨大变化。在英属西印度群岛，许多获得自由的奴隶寻得一方土地，开始了自给自足的农耕生活。由于自由劳动力的价格昂贵，

且不如奴隶稳定，制糖业的生产状况和盈利大不如前。而依赖奴隶的种植园商品出口量锐减，投资吸引力也随之降低，从英国进口商品也变得难以负担。对奴隶们而言，即便获得了自由，多数人的生活并没有大的起色，他们仍为旧主或新主效力，继续忍受着严苛的待遇。此外，种族歧视仍然严重，在巴西和古巴还形成了"肤色政治"，深色皮肤的人会被区别对待。

下图：奴隶制废除后，加勒比地区面临着诸多经济挑战。获得自由的奴隶们仍被严苛对待，最终在 1865 年，牙买加爆发了莫兰特贝起义。

上图：印度、中国等地的契约劳工被运往英属西印度群岛和太平洋岛屿。

契约劳工

契约劳工在17—18世纪被广泛使用，白人劳工签订契约后被送往北美。随着19世纪经济扩张和全球化进程的发展，契约劳动制度仍被继续使用。为了获得返程的机会，劳工们接受了苛刻的雇佣条件，一干就是数十年。在奴隶制被废除后的英国殖民地，劳动力主要来自印度，廉价的契约劳工被运往英属西印度群岛，特别是特立尼达、英属圭亚那（今圭亚那）、南非和斐济等地，其他地区也采用了类似的制度。在古巴和秘鲁，签订契约的中国工人被严苛对待，尽管他们是"自由的"，却无法为自己赎身。常有评论家谴责契约劳工"只是换了形式的奴隶贸易"，其中不无道理。

美国南北战争（1861—1865年）

美国的奴隶制问题非常典型。1860年，亚伯拉罕·林肯当选美国总统，他主张禁止在美国刚成立的新州内实行奴隶制，这引起了南方蓄奴州的不满，导致南方从联邦分裂并成立了美利坚联盟国。林肯和共和党人认为，联邦的统一对美国的生存至关重要，而维护联邦政府对各州的领导权也是美利坚民族存在的关键。但是，南来政见已不再有号召力，美国民主的群众基础也濒临崩塌。关于奴隶制的问题，南北双方似乎不再满足于一个折中方案。

1861年4月，南方军队炮轰了查尔斯顿港的萨姆特要塞的联邦驻军，战争由此爆发。南方军队的持续抵抗让联邦政府想要迅速结束战争的希望落空。1863年，南方联盟在葛底斯堡战败，这是他们向北推进的最后一次战役，获得最终胜利的概率也因这次失败变得渺茫。1864年，林肯在大选中成功连任总统，既巩固了北方的政治团结，也粉碎了南方联盟的一线希望，北方军舰随即封锁了南方。此时，谢尔曼将军从亚特兰大

左图： 南北战争导致美国人口数量急剧下降。由于战斗激情高涨以及新式武器的使用，战争的伤亡情况大大超出了所有人的预想。

右图： 1860年，亚伯拉罕·林肯当选美国总统，导致美国南部各州的分裂以及南北战争的爆发。

向大西洋进军的战略打击了南方的士气并切断了其物资援助，北方军队
成功深入南方。到 1864 年年底，在以谢尔曼和尤里西斯·格兰特为代表
的联邦军队将领的指挥下，胜利近在咫尺。1865 年 4 月和 5 月，南方军
队陆续投降。

1865 年，南方将领罗伯特·李率领北弗吉尼亚军队投降。他对手下
说，他们只是败给了北方优渥的资源。的确，北方人力充足、税收稳定，
不仅工农业繁荣、贸易发达，还有广阔的铁路和航运网络，以及丰富的
矿产资源。不过，联邦军队作战效率极高也是胜利的重要原因，这得益
于组织得力的通信和后勤，以及善于总结作战经验。不论是战事范围还
是参战人数，这样的战争规模在北美地区前所未有。不少政客为了尽快
结束战争曾提议向南方的联盟国略作让步，所以领导人坚定的政治决心
也是胜利的重要因素。

上图：1865 年，罗伯特·李在阿波马托
克斯法院签署投降协议，不久后，南方其
他军队也陆续投降。至此，南北战争结束。

必由之路：美国的扩张

怀着对更多土地、矿产资源的渴望，以及美国必胜的信心，美国人将矛头对准了美洲原住民。美军并非战无不胜，最有名的一次败仗是在1876年，乔治·卡斯特因草率出兵最终在小巨角河战役中寡不敌众，被苏族印第安人击败。不过，这样的战斗大多以印第安人的惨败收场。天花夺走了无数印第安人的生命，他们赖以为生的美洲野牛也因狩猎而数量减少，这些都给予印第安人重创。美国政府还下令摧毁他们的田地和村庄，先进的武器、快速的行军，以及正规军的冬季作战能力都是美国胜利的保证。

美军强迫原住民迁入保留区（多数荒无人烟），为了促进西部经济融合，还修建了大量住宅，铺设了铁路。英属加拿大没有发生此类暴力事件，在很大程度上是因为加拿大的殖民进程没有美国快，此外加拿大政府更在意原住民的数量。

与此同时，经济的发展也在改变北美内陆。钢犁不仅可以在中西部坚硬的土壤上耕作，还能在加拿大的大草原上耕作。得益于铁路的发展，内陆的谷物和牲畜能被运到遥远的港口和城市。

路易斯安那购地

1803年，拿破仑以1500万美元的价格将法属路易斯安那卖给了美国。一来防止它落入英国人之手，二来也可以为法国在欧洲的军事行动筹集资金。这片土地基本涵盖了现今蒙大拿、南北达科他、明尼苏达、怀俄明、科罗拉多、内布拉斯加、艾奥瓦、堪萨斯、密苏里、俄克拉荷马、阿肯色和路易斯安那等州。实际上，在进行收购时，路易斯安那的大部分领土仍在印第安人的控制之下。

上图：1876年，由乔治·卡斯特率领的军队在小巨角被击败，这是印第安人最后一次成功抵抗美军。

工业革命

19 世纪，发达国家的工业潜力爆发。蒸汽动力的应用推动了制造业和运输业的变革，呈现出一片欣欣向荣的景象，这一时期被称作"工业革命"，过去的乌托邦思想不再是空想。随着工业化进程的加快，工业国家与世界其他地区之间的差距也在拉大。工人拥有了购买力，这增加了他们对产品和食物的需求，他们居住的城市在 19 世纪有了明显的发展。英国的纽卡斯尔就是一座依靠煤炭发展起来的工业城市，当地人口数量从 1801 年的 28294 人增长到 1901 年的 215328 人。工业进步最先发生在纺织业和金属冶炼业，但在 19 世纪末，机械行业、造船业和化工业逐渐成为工业革命的主导产业。工业化促使更多的商品被生产出来，而那些推进工业化的国家（特别是英国）更是有了深化自由贸易的资本。海外市场的大门被打开，而效率低的生产商则被市场淘汰。

下图：大量拥有新技术的工厂促使英国变成了"世界工厂"，但是危险的工作环境、过长的工作时间和微薄的薪水让工人们处境艰难。

改变世界的物品：煤

煤是一种易于运输、方便控制的燃料，和过去使用的木材和木炭相比，煤的发热效能更高。煤是新时代的象征——蒸汽机的燃料。1786 年，当时还不是美国总统的托马斯·杰斐逊满怀兴致，参观了靠蒸汽动力生产的新阿尔比恩面粉厂。英国的煤炭开采量和使用量都高居世界榜首。就煤和褐煤的平均年产量来说，1820—1824 年，英国是 1800 万吨，而欧洲其他工业大国，如法国、德国、比利时和俄国加在一起的总和只有 200 万吨；1855—1859 年，双方煤的产量分别是 6800 万吨和 3200 万吨。威廉·利贝特曾这样描写 1830 年的英格兰北部：

"从利兹到谢菲尔德，一路上除了煤和铁，别无他物……黄色的热浪一刻不停地从熔炉的顶部向外翻腾，没有比这更壮观、更美妙的景象了。"

下图：煤成为工业革命时期的主要燃料。

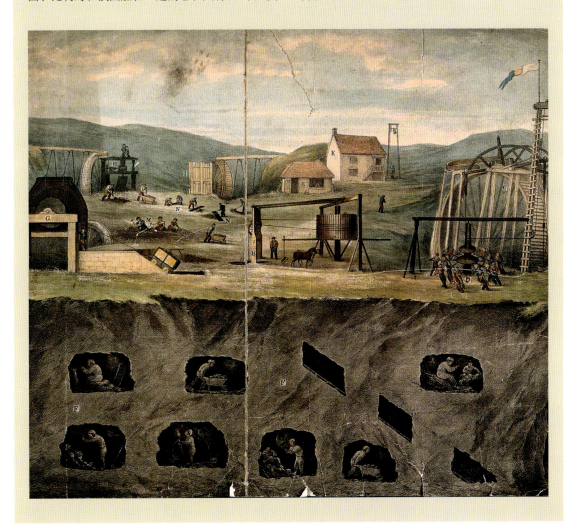

蒸汽动力

蒸汽机是最能代表新世界的发明，英国人凭借充足的煤炭供应和开创精神对此贡献巨大。托马斯·塞维利在1698年演示的蒸汽泵实用性很差，与托马斯·纽科门在1712年推出的蒸汽机不可同日而语。詹姆斯·瓦特发明了可分离式蒸汽冷凝器，极大地提高了发动机的燃料利用率。1776年，他的第一台大型蒸汽机组装成功。1779年，伯明翰的纽扣制造商詹姆斯·皮卡德在纽科门蒸汽机上安装了曲柄和飞轮，以便利用蒸汽动力驱动一台金属粉碎机。瓦特受此启发，对蒸汽机进行了改良，蒸汽机的应用范围变得更加广泛。1790年，他的"维尔维珍"蒸汽机的功率达到了953马力。

改良后的蒸汽机被用于采矿和驱动机械。1800年，英国各地共有2000多种改良蒸汽机，每一种都意味着某个地方正在发生改变。对于那些依赖人力、畜力、水能、风能或木材燃烧的早期技术，蒸汽船、蒸汽磨粉机等设备提高了其经济效率。经济生产、组织机构和工作特性都因蒸汽机的出现而改变，使用蒸汽机必将改变生活的理念深入人心。作为一种可移动的能源，蒸汽机使得工厂搬离了先前的地区（尤其是水流湍急的河边，因为先前的工厂要建水磨），向煤田区集中。

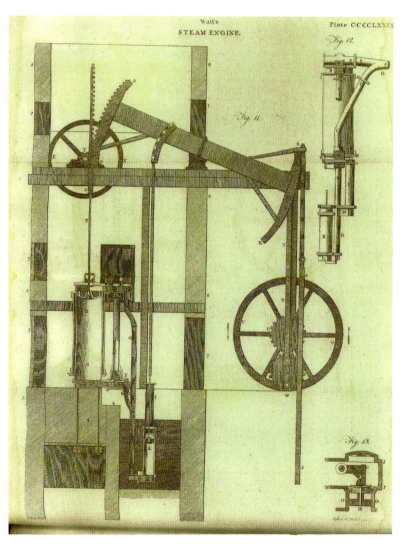

左图：1776年，詹姆斯·瓦特设计的蒸汽机彻底改变了人们的生活。

我们如何出行：铁路

上图：19 世纪，铁路迅速遍布欧洲和美洲，各地的财富、贸易甚至战争都因此而改变。

铁路的发展和普及是以煤为动力的蒸汽技术和炼铁技术共同推进的结果。19 世纪 20 年代，世界上第一条铁路（从英国斯托克顿到达灵顿）通车，最初用于运输煤炭。铁路改变了贸易性质，对城市和政府的财富有着决定性作用，战争也深受其影响。与运河不同的是，铁路既可运输货物也能搭载乘客。

19 世纪，世界大部分地区都在修建铁路。很快，从欧洲开始，美国、拉丁美洲，以及欧洲殖民地（如印度）也有了大型铁路工程。除了铺设铁轨，铁路工业还包括建造桥梁、车站，以及制造火车头。美国的铁路和随后出现的西伯利亚大铁路都是当时横贯大陆的铁路系统。从此，货物运输变得更加便捷，经济一体化进程加快，各地区之间的差距也逐渐拉大。

芝加哥、温哥华和布宜诺斯艾利斯等城市的发展和重新规划，都得益于修建的铁路系统和从中获取的利润。便利的铁路促进了富人的郊区化，许多新兴的中产阶级纷纷搬到风景优美的郊区生活。为了容纳线路、货场以及城镇中心的火车站，各区都进行了相应的拆除和再规划，城市的街道布局也因修建火车站而大为调整。铁路的发展引起了人们对城市内部交通网的关注，先是出租车和公共汽车的出现，随后一种革命性的新型大众运输系统——地下铁路诞生。

上图：电报保证了各大洲之间的通信便捷。

通信技术革命

　　随着电报这一新技术的出现，美国人塞缪尔·莫尔斯（1791—1872年）发明了一种简单的操作键和配套的代码用于信号传输，这套以点和破折号组成的代码被称为"莫尔斯码"。1830年，他可以用代码在一分钟内传输10个单词。1843年，他说服国会投资建设了一条从华盛顿到巴尔的摩的电报线路。在英国，由于铁路网逐渐扩大，电报最初被私营企业用来发送火车的相关信息；自从电报对公众开放后，其使用范围急剧扩大，经济新闻等各类消息迅速传播。当代有学者认为，当时的全球电报电缆系统堪比今天的互联网，然而，前者在消息的准确性、传输速度以及覆盖范围上存在明显的缺陷。

　　铁路和轮船的普及推动了邮政系统的迅速发展，人们也越发需要和依赖快捷实惠的通信方式，这促进了电报的发展以及电话的出现。1840年，英国政府取消了早期按件收费的寄件体系，取而代之的是一种成本更低廉、可统一计价的新系统，并配套发行了世界上最早的邮票——"黑便士邮票"。英国和爱尔兰的信件投递数量从1839年的8250万封，增加到1853年的4.11亿封。这引发了一场追求更快捷、更可靠的通信浪潮。邮政的发展并不仅限于欧洲，印度也出现了与欧洲相当的邮政体系，如印度邮政总局。1876年，欧洲的寄件数量为30亿件，到1928年上升至310亿件。直到1972年，人们使用电话通信的次数才超过信件邮寄的数量。在互联网时代，信件邮寄已被认为是不方便的、过时的通信方式。但在邮政兴起的早期，情况则完全相反。它不仅稳定可靠，而且无须人们动用个人关系就可达成信息传输的目的。

在西方技术快速发展的过程中，亚历山大·格拉汉姆·贝尔（1847—1922年）充分展示了创新带来的无限可能。他发明了铁肺、水翼船、飞机副翼、光电话（通过光信号传递声音）和电话。贝尔还在美国创建了拥有完整配套设施的标准电话系统。19世纪90年代，他的电话专利到期，其他电话公司进入美国市场，并采用了自动电话交换机。由于不再需要人工进行信号交换，电话的使用成本变低；而且比起电报，语音通话更亲切也更方便，电话逐渐普及开来。到1912年，美国已有700万部电话。

左图：1840年，英国发行的"黑便士邮票"是世界上第一枚邮票。

左图：1910年，电话已在美国普及。

民族主义萌发

随着民族意识的增长，19 世纪民族主义萌发。不再充当其他价值体系的附庸，实现民族独立的想法在一些地区萌芽。意识形态和知识体系开始改变，向强大的国家、便捷的通信、全国普及的教育体系、日益提升的大众读写能力，以及工业化、城市化和民主化进程的推进，都是民族主义得以发展的几项条件。

民族主义有一个鲜明特点，即对"祖国""家园"等概念的信仰日益

下图：由于民族主义的发展，意大利（1860—1861 年）和德国（1866 年）相继实现了民族独立。

增长，对其他概念（如地区）则日益淡漠。此外，民族主义为团体动力学提供了新基础，继而发展出男性普选制度。此外，在民族主义的推动下，革命派和民族主义者还实现了征兵制的合法化，目标之一是把军民之间的固有矛盾转化为共同目标。民族主义促进了新政权的形成，尤其以意大利（1860—1861年）和德国(1866年)的民族独立为代表。对于这两个国家来说，击败奥地利这个由哈布斯堡王朝统治的多民族帝国是赢得独立的关键。意大利以撒丁王国为中心组织起来，而德意志则以普鲁士王国为中心，但它们都有了一个新的身份——统一的民族国家。

总体来说，民主理念的发展既推动了民族主义的发展，也打击了帝国主义势力。在这一背景下，民族主义引领了反对帝国统治的独立运动，如波兰、芬兰反抗俄国的统治，以及印度和爱尔兰抵抗英国的统治，都是最好的例证。

用歌剧讲述历史

在那个时期，伟大的意大利剧作家们谱写了史诗般的宏章巨制。温琴佐·贝里尼（1801—1835年）在《诺尔玛》（1831年）中将奥地利统治下的意大利比作罗马统治下的高卢。朱塞佩·威尔第（1813—1901年）是意大利统一运动的坚定支持者，但为了避开奥地利的审查制度，他在创作时使用了一些晦涩的暗喻。例如，在《拿布果》（1842年）中，流亡在美索不达米亚（伊拉克）的犹太人奴隶便暗指受压迫的意大利人；而在《莱尼亚诺战役》（1849年）中，他通过描绘德国皇帝巴巴罗萨于1176年被伦巴第联盟击败一事，来呼吁现实中的人起身反抗；《命运之力》（1862年）则讲述了1744年奥地利人在韦莱特里被那不勒斯人打败的故事。威尔第不只支持加里波第1860年的远征，此后他还在意大利议会中任职。

其他的意大利歌剧也致力于描绘现实，特别是19世纪90年代的真实主义，如波特罗·马斯卡尼在《乡村骑士》（1890年）中对农民生活的描写，以及翁贝托·焦尔达诺在《悲惨的生活》（1892年）中对贫民苦难的讲述。虽然这些歌剧分别以西西里岛和那不勒斯为背景，但也向意大利其他地区的观众表达了作者对"南部问题"的态度。

上图：意大利剧作家朱塞佩·威尔第受制于奥匈帝国的审查制度，于是选择在歌剧中采用微妙、隐晦的方式来表达立场。

英国对印度的统治

当民族主义在欧洲各国盛行时，欧洲人对欧洲以外民族的尊重却未增加。随着莫卧儿帝国的衰落，欧洲人开始入侵印度。英国和荷兰东印度公司等贸易公司都渴望对印度次大陆进行更直接的控制。不过，荷兰人很快便将注意力转向了印尼的香料群岛，将印度拱手让给了英国。1757年，罗伯特·克莱武率领英军在普拉西战役中打败纳瓦布，从此确立了东印度公司对孟加拉地区的统治。迈索尔（1799年）和马拉萨（1803年）的沦陷奏响了英国大范围攻占印度的序曲，英国进而吞并了印度的一些地区。

与他们的对手不同，英国人有足以支撑在全印度范围内开战的军事实力和后勤保障。虽然英国由于指挥不力，1842年冬从阿富汗撤军的途

上图：罗伯特·克莱武凭借普拉西之战（1757年）确立了英国对孟加拉地区的统治。

中损失了整个英属印度军团，但仍取得了重大胜利：1818 年，英军夺取了马拉地人在印度西部的领土；1826 年，攻占了缅甸的若开和丹那沙林；1831 年，征服迈索尔；1843 年，信德沦陷；1849 年，在与锡克人两度鏖战后占领旁遮普。此外，克什米尔在 1848 年成为英国的附属地。在这些胜利中，印度军队的配合发挥了关键作用。

1858 年，英国王室从东印度公司手中接管了印度。

上图：到 19 世纪中叶，英国已控制了整个南亚次大陆。

1877 年，维多利亚女王在德里宫廷加冕为印度女皇。

印度的大部分地区仍处于当地王公的统治之下。他们拥有层层递进的组织架构，通常是英国实行统治的得力帮手。此时，印度已是英国人口最多的殖民地。

印度人起义（1857—1859 年）

这是 19 世纪规模最大的反欧起义。此次起义之所以重大，是因为有许多为英国服役的印度士兵参与，这些士兵之所以暴动，关键原因是不愿去异国服役，而导火线则是英方要求士兵使用新式步枪配备的新型子弹。据说，这种子弹为了保持火药干燥，表面涂有动物油脂，这对信仰伊斯兰教和印度教的教徒们来说是无法接受的。由于英国获得了多数印度军队和土著王公（尤其是海德拉巴、克什米尔、尼泊尔等地王公）的支持，历经苦战，最终还是镇压了领导不力的起义军。在印度历史上，这次起义有时会被视作印度的第一次独立战争，或简称"大起义"。

下图： 1857 年，一场声势浩大的反英起义爆发。

清朝衰落

19 世纪的中国也经历了相当程度的经济和政治衰退。1850 年，中国人口已达 4.5 亿左右，这个先前的强国没能成功发展工业。相反，西方成为全球经济的中心，推动着全球化进程并从中获取了丰厚的利润，而那些非西方国家则处境堪忧。

19 世纪，中国国力开始衰微，一方面是内部分裂所致，另一方面是因为未能像西方国家那样推行工业改革，建立高效的政治体制。两次鸦片战争（1840—1842 年，1856—1860 年）让心灰意冷的中国官员不得不承认自己的国家已无力与西方列强抗衡。

19 世纪 30 年代末，越来越多的人吸食鸦片成瘾，中国人越发意识到鸦片是中国社会的祸害。钦差大臣林则徐上奏朝廷要求禁烟，英国商人因此心惊胆战起

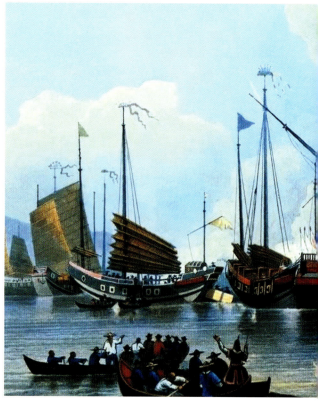

左图：钦差大臣林则徐致信维多利亚女王，要求英国结束鸦片贸易。

上图：1840—1842 年的鸦片战争是西欧国家第一次对中国发动战争。

来。鸦片的利润是英国从亚洲进口茶叶的主要资金来源。林则徐曾给维多利亚女王写信，信中不仅斥责鸦片贸易，还称英国人是"野蛮人"。但此举并未让英国政府有所收敛，于是清朝皇帝下令将英国商人逐出广州，并扣押了他们的鸦片。

迫于中国民众的反抗，英国人封锁了长江流域的主要港口。1842 年，英军沿长江抵达南京，中国妥协了，获胜的英国迫使中国签订了《南京条约》，条约规定：割让香港岛给英国；降低英国商品的关税；赔偿 1839 年被销毁的鸦片，并向英国开放 5 个港口。这是历史上西欧国家首次对中国发动

帝国的城市

因曾被西方国家统治或受其影响，一些非西方城市的建筑和设施具有明显的西方特色，如火车站、林荫大道、电报大楼和大型酒店等。西方列强不仅改造旧城以显示自身的优越，还按照特定的发展规划修建新城。1819 年，英国把新加坡打造成了一个深水港口城市。1860 年，新加坡已有 8 万人。

1900 年，吉隆坡（今马来西亚首都）已从一个供锡矿工人居住的棚户区变成了一个拥有 4 万人的城市，当地的许多高楼大厦都是仿照英属印度的建筑修建而成。又如印度的加尔各答——英属殖民地的第二大城市，其政府区域则建有高等法院（1872 年）等诸多办公建筑。香港自 1841 年被英国占领后，也发展成了一个重要的港口城市。香港礼宾府于 1855 年竣工，汇丰银行于 1864 年成立，并在金融贸易行业扮演着重要角色。

上图：1900 年，吉隆坡已遍布令人印象深刻的英国殖民建筑。

战争，也是欧洲第一次战胜中国，并获得了中国的部分土地。

为全面打开中国市场，英国发动了第二次鸦片战争。英国驻广州领事巴夏礼和首相帕麦斯顿刻意制造冲突。很快，香港货轮"亚罗号"在广州被扣，据说这艘载有中国船员的货船上悬挂着英国国旗，这成了发动侵略的完美借口。1856 年，英国炮轰广州。1858 年 1 月 1 日，英法联军占领了这座城市，并伺机进军华北，目标锁定为天津附近的大沽要塞。虽然 1859 年联军初战败北，但在 1860 年，一支英法远征军还是成功地攻占了大沽和天津。随后，他们在北京城外击溃清军，攻入了北京城，这让清朝威望尽失。联军还烧毁了中国的圆明园。1860 年，战争以《北京条约》的签署宣告结束：中国继割让香港岛后，再次割让九龙半岛给英国，赔偿英法巨额金银，允许信教自由，并进一步开放包括鸦片在内的对外贸易。

与其他欧洲列强一样，英国人也试图将自己的观点、规则以及喜好强加于征服之地。失败和受侮辱强烈冲击着清政府的统治，引发了中国国内的一系列改革，最先开始的是洋务运动。

19世纪50年代至60年代，太平天国运动是导致清朝国力衰弱的主要原因。其实，在欧洲未进犯的19世纪30年代，清朝的衰颓已初见端倪，腐败成风、税收减少、税农农民造反和中央无力控制地方都是当时的主要问题。1796—1805年，清朝为维持统治付出了惨痛代价，体制弊端暴露无遗。与此同时，战乱不断的西北和西南边境各省也让清政府备受困扰。清政府投入了大量兵力、物力，终于在1873年抚平各方，但此时的清政府已不堪重负，根本无暇顾及沿海和海上问题。

太平天国运动

太平天国运动发生于1851—1864年，这是一场旨在推翻清朝统治的大规模革命运动，破坏力相当巨大，共造成了2000万～3000万人死亡，远远超过美国内战（1861—1865年）时期的死亡人数。这次运动也属于重大却少被提及的起义之一。坚定的精神信仰是引领斗争和作战的力量之源，因为信仰，太平军在枪林弹雨中冒死前行，即使物资不足仍顽强抵抗；他们无惧死亡，作战时骁勇可怕，但领导层的内讧成了他们的致命弱点。太平军使用长矛、战戟和火绳枪作战，武器装备极为落后。虽然太平天国在1853年攻占了南京，但最终于1864年失守，运动宣告失败。

下图：太平天国运动（1851—1864年）是历史上最具破坏性的内战，伤亡人数为2000万～3000万。

右图：明治天皇在位期间，日本经历了快速的现代化发展。

明治维新

强大的西方工业文明同样冲击着日本。1853年，美国海军准将马修·佩里率领四艘军舰进入东京湾，要求日本开放贸易。这对从未见过军舰的日本人来说是一个巨大威胁；1854年，美国军舰再度来袭，日本迫于压力只得接受美国的要求，其他列强见状纷纷效仿。

重压之下的日本开始呼吁变革，导致1868—1869年内战的爆发。最终，德川幕府垮台，天皇重掌大权。1877年，天皇成功地镇压了幕府余孽的叛乱。明治天皇在位期间（1867—1912年），日本经历了快速的体制变革、经济转型以及思想开化进程。明治政府废藩置县，建立了中央集权的政府机构，并引入造船业

等新型产业。蒸汽船的数量从1873年的26艘增长到1913年的1514艘。此外，铁路网的修建也被提上日程。为了强化民族认同感，中央政府还确立了全国通用的官方语言，称为"标准语"。

新兴起的日本积极寻求对外扩张，尤其渴望从羸弱的中国身上榨取利益，虽然这个国家曾一度让日本人不敢萌生僭越之心。1894—1895年，中国落败，台湾沦为日本的属地；1904—1905年，日本又战胜了俄国，将朝鲜据为己有，并将势力进一步扩张至中国北方。在争夺中国北方领地时，日本竟戏剧性地挫败了想分一杯羹的欧洲列强。

瓜分非洲

　　长期以来，欧洲的势力仅盘踞在非洲沿海地区。然而，在19世纪上半叶，欧洲人开始向非洲内陆迈进，如塞内加尔河谷地区和南非。由于柏林会议（1884年）的召开，从19世纪80年代初开始，侵占非洲的步伐大大加快。会议上，争取划分更多的非洲土地和自然资源成了列强之间政治和经济竞争的方式，最终，各国就瓜分一事达成一致。

　　侵略者巧妙地利用当地的资源和形势，他们雇用当地士兵作战，或者伺机左右当地的政权斗争，胜利来得不费吹灰之力。欧洲人给内斗中处于劣势的非洲统治者提供援助，英国和法国都通过这种方式控制了西非，英国还控制了南非。

　　由此可见，欧洲各国能够充分利用以西方主导的世界经济的发展。同时，在远征扩张的过程中，列强从管理、政治和公共方面获取的利益已远超19世纪初。从某种程度上来说，西方列强的所作所为和利益驱动源于对国家威望的鼓吹和在政治、经济领域的竞争，以及对领土扩张和种族控制的乐观态度。

利奥波德的私人王国：刚果

　　比利时国王利奥波德二世（1865—1909年在位）精于权术。1885年，他从欧洲列强瓜分非洲的浪潮中获益，成为刚果自由国家的统治者。中非的广袤领土遭到了利奥波德的野蛮式开发，他大力开采橡胶和矿产等自然资源来筹集资金。随着他在殖民地的暴政曝光，国际社会上的谴责与日俱增，最终，这块领地在1908年被移交给比利时政府。

左图： 比利时国王利奥波德二世视刚果为私人领地。他在当地的相关暴行引起了国际社会的愤怒。

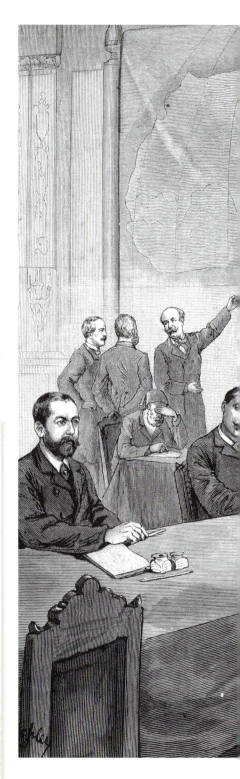

上图：欧洲列强在 1884 年的柏林会议上划分非洲领土，开始了所谓的"瓜分非洲"的狂潮。

西方的挑战

面对西方的强盛和帝国主义，各个地区反应各异。有的国家渴望探求西方富强之术。1871—1873年，日本派出岩仓使节团前往美国和欧洲，他们带回的经济知识推动了日本的现代化进程。福泽谕吉在其著作《西洋事情》（*Conditions in the West*，1866年）和《文明论概略》（*Outline of a Theory of Civilization*，1875年）中赞许西方社会重视学者、鼓励社会流动并予以嘉奖的政策。

19世纪60年代，中国的洋务运动引进西方技术、搜集有助于现代化的信息，试图以此探求西方富强之法。

也有一些地方反对西方的唯物主义、个人主义及其错误的白人优越论。在印度，科学家致力于将科学从帝国的背景中剥离，辅以印度的传统和价值观。本土医学的繁荣推动了印度教徒和穆斯林的复兴运动，民族主义者要求制定对当地居民更有利的公共卫生政策。

左图：康有为（1858—1927年），中国晚清时期重要的政治家、思想家和教育家。

用地图绘制社会

西方也出现了呼吁社会改革的声音。19世纪中叶，人们越发关注大城市的生活和工作条件。社会改革家和活动家认为，文明社会应当代理地帮助贫困、拥挤和糟糕的卫生条件，因为这会引发疫病，富人和穷人都会被感染。科学地收集数据，发展专题制图协助阐述问题，这些促成了政治、医疗和社会观念等方面的革命。查尔斯·布思在《伦敦居民的生活和工作》（1886—1903年）中绘制了一幅标注社会阶层的伦敦彩色地图，他对底层人民进行了严厉批判："底层之人……恶毒，形同罪犯……他们过着野蛮人的生活，朝不保夕、困苦不堪，酒是他们仅有的奢侈品。"

上图：查尔斯·布斯绘制的地图用不同颜色标示了伦敦各地的位置和贫困程度。

上图：达尔文这次随英国军舰"贝格尔号"的旅行，启发他创作了巨著《物种起源》。

绘制海图

探索海洋是人类收集、积累、叙述和使用信息的关键。英国在海军和商业领域中都立足全球寻找机遇，因而信息的获取和利用对英国来说更必要，同时也更容易。在战争中，海图的使用有助于了解海洋的特点，从而把握战机，海图对演化论的提出也有所贡献。1831—1836年，英国博物学家查尔斯·达尔文在随"贝格尔号"军舰的航行途中收获颇丰，在太平洋加拉帕戈斯群岛上的考察尤其如此。1859年，他出版了《物种起源》，该书观点与《创世记》（*Book of Genesis*）大相径庭。

第七章 战争笼罩下的世界

1914—1945 年

1914—1945 年，世界大战彻底重塑了世界。帝国崩塌，思想颠覆，社会生活和文化理念也为之改变。数千万人死去，对于那些遭受深重苦难的国家来说，战争之殇一直笼罩在人们心头，从未淡去。

上图：20 世纪初，各国在海军上投入巨资，唯恐落后于竞争对手。

世纪之交

20 世纪初，国际竞争越发激烈。原本在共识下以保障大国利益为基础、维持国际秩序的审慎政策退出历史舞台，代之则是千方百计寻求本国利益。在这一点上，德国尤为明显。各国抱团谋利，以联盟的形式相互竞争。基于认为目前局势不稳的观念引发了焦虑，由于不稳定将会对工业社会、城市生活和民主政治造成影响，焦虑感进一步加剧。

各国在军事上斥以巨资，为军队添置各式海陆新型武器及改良装备，如新型大炮等；改进管理方法和军队体系，并投入演习和实战。

20 世纪初，冲突遍及世界各地：如 1911 年中国的辛亥革命，1910 年由政变引发的墨西哥革命，以及美国对尼加拉瓜、海地、多米尼加共和国和墨西哥等国的干预。

第一次世界大战

起因

第一次世界大战的爆发在很大程度上是因为参战国对区域政治和外交发展的看法不一致。俄国在德国东部边境的军事准备日益增强，如建设能够提升作战机动性的铁路等，这让德国人非常担忧，认为战争已

上图：斐迪南大公遇刺是第一次世界大战的导火索。

不可避免。因此他们希望在最适当的时候发动战争，并踌躇满志地回顾了近期所打的胜仗。

奥匈帝国是德国的主要盟友，由于国内战略和政治局势明显恶化，外加俄国的支持，独断的塞尔维亚人威胁到巴尔干地区的稳定，这令奥匈帝国感到担忧。奥匈帝国政府无力左右局势，挫败感与日俱增。因此，与塞尔维业开战似乎是唯一的选择。

1914 年 6 月 28 日，奥匈帝国皇储弗朗茨·斐迪南大公偕夫人苏菲在视察波斯尼亚首都萨拉热窝时，被塞尔维亚青年加夫里洛·普林西普刺杀。加夫里洛·普林普是黑手社的成员，这是一个秘密的塞尔

维亚民族主义组织，致力于推翻哈布斯堡王朝对南斯拉夫领土（包括塞尔维亚和波斯尼亚）的控制。消息传到维也纳时朝野震撼，奥匈帝国感到有必要采取行动了。此次刺杀为打击塞尔维亚制造了理由。

奥匈帝国认为有德国作为后盾就能牵制俄国，于是对塞尔维亚发动了局部战争。德国也决定采取攻势策略，因为有奥匈帝国的盟约和德国公众的支持，任何可能的危机都将不在话下。他们企图先击败法国，进而攻击其盟友俄国。1914 年 8 月，德国以中立国比

Ein Vierverband, doch nicht von Englands Gnaden.
Kein heimlich Machwerk brit'scher Mühlerei;
Ein freier Bund von Waffenkameraden
Zu brechen Englands Völkertyrannei.

利时为跳板，发动了战争。由于英国是比利时中立地位的担保国，因此也被卷入战争。

出于军事考虑以及军方领导的要求，各国政府被迫开始行动。德国的作战计划是攻击后立即转移军队。在"一战"的参战国看来，这是一场各国正规军之间的较量，尽管伤亡会很大，但不会持续很久，也不会一发不可收拾。

这场战争并非全因各国领导层治国无方、肆无忌惮而起，各国军方的压力也不容忽视。决策者已将和平与秩序的脆弱性抛之脑后，政客们试图以战争要挟对手并将其置于不利之地，不料却打错了算盘。每个参战国都犯了错：奥匈帝国一心求胜（虽然只是在巴尔干战争上）；德国动机不纯又太过草率，乱打一通后，没能控制维也纳，在面对法俄联军时又不能全身而退；法国强硬且死板；俄国的策略也不合时宜。作为比利时中立地位的担保国，英国传统的地缘政治[58]逻辑让其别无选择，只能参战。

上图：在同盟国中，德国和奥匈帝国将此次危机视为实现野心的绝佳机会。随后，土耳其和保加利亚也相继加入阵营。

1914年，英国试图通过传统方式来化解国际危机，即欧洲协调机制。自拿破仑战争后开始召开维也纳会议（1814—1815年）以来，该机制一直维持着欧洲的和平。事实上，在第一次巴尔干战争（1912—1913年）中，它曾成功地阻止奥斯曼土耳其和巴尔干国家联盟之间的斗争演变成更广泛的战争。然而在1914年，奥匈帝国和德国却拒绝继续合作。德国的决定在某种程度上受其在政治和文化上固有的好战特性的影响，这在20世纪初尤为强烈。德国对落后的强烈恐惧，以及担心战机失不再来的念头，助长了他们狂热的民族爱国主义。

德国人考虑问题时将军事因素置于政治因素之上，以至于在1914年和1917年分别把英国和美国送进了对手的阵营。在这两次行动中，德国的决策从军

上图：英国认为，欧洲协调机制可以阻止战争，就像在伦敦会议（1912—1913 年）上结束第一次巴尔干战争那样。

右图：法国总统雷蒙·普恩加莱、英国国王乔治五世和俄国沙皇尼古拉二世签订协定，组成协约国。

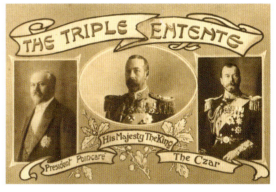

事层面来看完全合乎情理——以比利时为跳板推进战事更加容易，使用潜艇攻击英国商船以打击其贸易也没有问题——但这些却是严重的战略错误，在很大程度上导致了德国最终的失败。

这场灾难性战争给人留下的印象便是战况胶着，双方在战壕内进行毫无意义的血腥杀戮。这一话题被不断提起，成为公众纪念活动的主题。

实际的战况要复杂得多。从战争整体来看，认为"一战"各方战术僵化、任务执行不力、缺少战略和决定性胜利的看法都是站不住脚的。对于东欧、巴尔干半岛、中东和德属海外殖民地来说，战争带来了如火如荼的革命运动。实际上，塞尔维业和罗马尼业分别在 1915 年和 1916 年被迫退出战争；1917 年，俄国退出，意大利也差点出局。1918 年，保加利亚、土耳其、奥匈帝国和德国陆续战败，宣布投降。

欧洲的西部战线尽管看起来陷入胶着，但实际上并非如此。协约国掌握了集中火力的战术要领，

以前所未有的火力攻入并突破了德军的战壕系统，取得了新的进展。1918 年，协约国发现，沿着一条宽广的战线在多处同时发起进攻，并集中后备军队维持攻势，可以有效地阻止德军的封锁，成功实现突破。

在"一战"开始前的几十年里，协约国就因作战图的注释不准确备受困扰，指挥问题更是积重难返，突出体现在火力分布和机动性差这两个方面，不过技术的发展让协约国克服了这些问题。空中侦察可有效获取敌方的战壕系统地图，然后再进行指挥集中轰炸。最直接的成效便是带来了决定性的军事胜利和政治成果。

西部战线之外的革命运动伴随着冲突四起，各国首都成了革命的摇篮。1916 年爱尔兰发生起义，1917年布尔什维克党接管俄国，"一战"临近尾声时，奥匈帝国也发生了民族主义革命。

事实上，德国在 1914 年就失败了，甚至早于协约国军队在马恩河战役后的反击战以及后来西线的战壕对峙。由于俄国的介入，战线从欧洲西部扩展至东部，而英国参战则注定德国在两线的战争将会更加漫长和艰难。这与普法战争（1870—1871 年）完全不同，当时的普鲁士王国（德意志国前身）并没有在两条战线同时作战。

左图：各地的民族主义起义大多发生在首都城市，如 1916年在爱尔兰首都都柏林发生的复活节起义。

上图：德国第一次进攻失败后，在西线开启了堑壕战的模式。

到 1914 年年底，德国在战前精心策划的作战方案问题频出，明显过于乐观，处处流露的盲目自信将德国置于险境。德国企图再现普法战争的辉煌，让法军像 1870 年那样在遭遇指挥失败后崩溃而散。然而，剧情并未按照剧本发展，他们的对手竟出乎意料地强硬，德军精疲力竭，伤亡惨重。奥匈帝国也在征战塞尔维亚时惨败，虽然塞尔维亚的军队资源相对匮乏，但指挥却相当得力。此外，奥匈帝国还面临着俄国施加的巨大压力。

从 1914 年的战役可以看出，德国人打仗讲求出其不意，利用机动部队迅速攻击指定地点，但该策略在法国的防御面前却不奏效，因为法国借助铁路能够迅速调整军队部署，随时调用后备军队。德国人还低估了将防御工事当作进攻据点的功效，所有的德国高级将领都被告知，战壕只有经过筛查后才可绕行。此举忽视了法军会从防线外发起进攻的可能，从而导致 1914 年德国的战败。当时，德军在巴黎城外遭遇法国第六集团军的伏击，行军被迫中断，马恩河战役打响。

西部战线着重包围歼灭敌军以求全面胜利的速攻阶段于 1914 年 10 月告一段落。将领们在整场战争中

上图：惨重的人员伤亡一直是"一战"的主题。

下图：法国借助铁路迅速调整军队部署，大大增强了抵御德国进攻的能力。

多次试图再现军队的灵活性，并通过突破敌军前线进行机动战，但事实证明，这一目标难以实现。相反，敌对双方都挖了众多复杂的战壕，西线战争很快陷入僵持中。

经过四年的激烈冲突，战争终于在1918年有了突破性进展。那时，德国士兵给养耗尽，被迫变卖军械，他们未能表现出像法国人一样的决心和坚韧（当然，法国付出了巨大的代价）。在最后阶段的对战中，英军着重提高火炮的威力和精度，从而主导了战局，而且火力分布和指挥也比早些时候更加高效。

战争出乎意料地提前结束，这让一些新型武器的发展变得不明朗，由英法主导开发的一项新技术——坦克尤其如此。坦克本质上是一种前线作战工具，但在1918年，它更适合协助将静态战争转为运动战，

上图：堑壕战是西线主要的作战方式，有时也会采用运动战和包围战。

而非直接发动一场运动战。坦克可在行进中开火，消除了壕沟对进攻方造成的威胁。坦克的火力攻击更精确，能够更有效地进行密集轰炸，西线在发动进攻前往往会先采用这一战术。不过在 1918 年时，坦克的持久性差、威力弱、防御能力差、行进速度慢、射程近、操控和可靠性差等都是实际作战中存在的主要问题，尤其在德国迅速发展起来的反坦克技术和武器面前，这些缺点更为凸显。因此，坦克在协助联合武器部队或者支援步兵军团作战时效果最佳。

西线大战

在西线，发生了两次毫无战果的大战：一是德国袭击法国要塞凡尔登；二是英国进攻索姆河。许多人都以这两场战役为例来说明战争的失败和徒劳。凡尔登战役中伤亡人数约有 70 万，索姆河战役则超过 100 万。伤亡数量如此之高，却没有任何一方获得新的领地，纯粹是军力的大量消耗。

不过，战事也有所推进：法国人在凡尔登挫败了德国人，而索姆河之役令德国人丧失了西线的主动权，以至于 1917 年他们在西线再未主动发起攻势。

下图： 索姆河战役从 1916 年 7 月持续至 11 月，参战方伤亡极为惨重。

上图：空军首次被用于战争，当时主要负责侦察。

东线作战

由于东欧的作战区域比较分散，单位土地上的军队数量要低于西欧，所以，突破敌方防线并迅速推进也相对容易，1915年德国战胜俄国便是例证。奥匈帝国、保加利亚和德国联军于1915年征服塞尔维亚，进而于1916年攻陷罗马尼亚，这说明当时的同盟军在特定情况下能够取得决定性胜利。与此同时，协约国军队也迅速占领了除德属东非以外的所有德国殖民地。但是，征服土耳其却非常棘手。1915年，协约国军队在土耳其中部发动加里波利之战，试图一举歼灭敌军，但以失败告终。而英国最初进军美索不达米亚（今伊拉克）的计划也宣告失败，直到1918年奥斯曼帝国才被打败。

上图：坦克火力强，但因其耐久性差和行进慢等缺陷，再加上反坦克武器的发展，它们在实际应用中颇受限制。

下图：在加里波利之战（1915—1916年）中，协约国军队未能逼迫奥斯曼帝国退出"一战"，战争最终以失败告终。

俄国革命

俄国在第一次世界大战中屡次败给德国，加上战争给俄国带来了严重的社会问题和经济压力，终于，在 1917 年 10 月，布尔什维克发动了一场激动人心的革命运动并成功夺取政权。在 1917 年的早些时候，沙皇尼古拉二世的统治被推翻，但取而代之的共和国政权违背民意，坚持继续参战。布尔什维克领导人弗拉基米尔·伊里奇·列宁（1870—1924 年）曾希望将革命推进至德国，从而不必再进行停战谈判，但德军持续向俄国进军迫使他在 1918 年不得不放弃部分领土以换取和平。随后，布尔什维克政权在 1918—1920 年的激烈内战中试图夺回曾属于俄国的领土。

下图： 1917 年 10 月，战争带来的压力导致"十月革命"爆发，布尔什维克最终成功夺权。

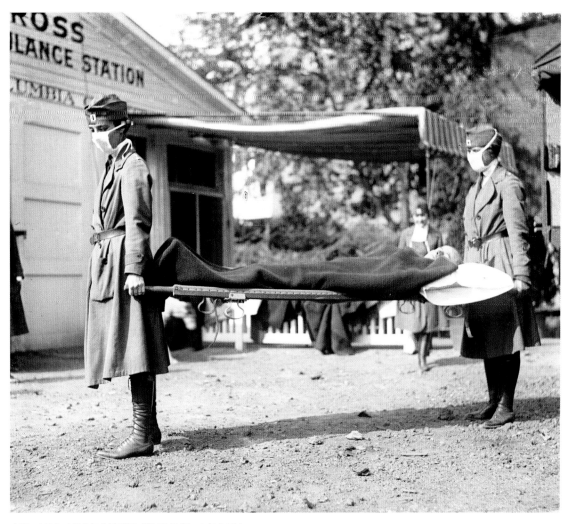

上图：1918—1919 年的流感造成约 5000 万 ~1 亿人死亡。

西班牙大流感

  战争和饥荒曾夺去无数人的生命，1918—1919 年，一场肆虐全球的流感造成的死亡人数甚至超过了第一次世界大战。至少有 5000 万人死去，亚洲人居多，其中印度的死亡人数比例高达 6%。最易感染的人群是婴幼儿、青少年、20 至 40 岁的青年、孕妇和老人。鸟类是疫病蔓延的罪魁祸首，但铁路和轮船也加速了它的传播。当时未发现能治愈的方法，直到 1943 年

电子显微镜问世，人们才确定了流感病毒的结构。在 1931 年以前，人们对病毒学本身知之甚少，而流感疫苗的接种工作则始于 1936 年。这场疫病之所以称为"西班牙流感"，是因为许多西班牙名人也在 1918 年 5 月染病。与之相比，1957 年的亚洲流感和香港流感（1968—1969 年）在全球仅造成约 100 万人死亡，这表明疫苗接种计划取得了成功。

两次世界大战间歇期（1919—1938 年）

20 世纪初，旧的统治秩序纷纷倾覆，如中国、墨西哥、土耳其、俄国、奥匈帝国和德国这六国，后四国得以建立新秩序是受第一次世界大战的直接影响。同时，那些由来已久的保守习俗和价值观普遍受到挑战，这些因素共同促进了 20 世纪 20 年代至 30 年代的文化和社会变革。妇女解放运动如火如荼、青年群体活力四射、消费主义观念出现、好莱坞电影和爵士乐风靡、现代主义文化和新的心理学思想出现……新鲜事物异彩纷呈。

新事物的发展相互交织。电影主题以性为中心，向大众呈现了不受婚姻和母亲身份限制的女性形象，这种观念的转变在西方日益突出。女性读者对出版业的重要性与日俱增，大量图书和影片都乐于塑造情感独立的女性形象，她们往往从事着有偿工作，比第一次世界大战以前有过之无不及。现代主义向传统的形式发起挑战，它反对现实主义的具象文化，而选择用开创的表现形式震撼读者、观众或听众，从而打破既定的反馈模式。现代主义从新兴的社会科学中汲取灵感，如西格蒙德·弗洛伊德和詹姆斯·弗雷泽爵士的著作，以及他们对既定假设发起的挑战。

在文学领域，意识流的创作手法和对虚构事物的迷恋是现代主义的鲜明特征，这在爱尔兰作家詹姆斯·乔伊斯的小说《尤利西斯》（1922 年）中都有体现。而自由诗则将极为不同的观点和支离破碎的想法糅杂于一体，以 T. S. 艾略特的名作《荒原》（1922 年）为代表。弗吉尼亚·伍尔夫的小说有着行云流水般的结构和情感洋溢的语言，伍尔夫认为，写作应当摒弃"物质"表象，去追求新的审美感知。在她的随笔《班尼特先生和布朗夫人》（1924 年）中，她将只做表面文章的假"现实主义"和追寻真现实主义的"现代主义"加以区分。在音乐领域，奥匈帝国作曲家阿诺尔德·勋伯格开创了无调性音乐和序列主义音乐。而绘画领域则诞生了立体主义、表

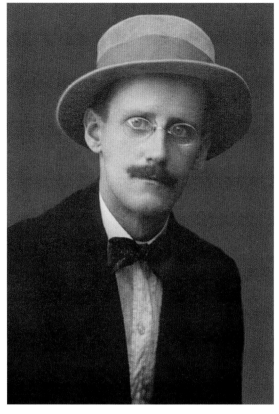

上图：詹姆斯·乔伊斯等现代主义作家开创新的表现形式和语言风格，以示对现代主义文学的反抗。

现主义、漩涡主义、超现实主义和达达主义等反对现实主义的艺术风格。

然而，大多数公众仍偏爱传统的表现方法。比如在英国，那些"中流""低俗"风格的作家虽然为现代主义者所不齿，但他们的作品却更畅销。进入 20 世纪 20 年代，人们的可支配收入增长，廉价书籍唾手可得，休闲方式也越来越多样化，这些作家更是从中大捞一笔。西班牙超现实主义画家萨尔瓦多·达利和他的同胞巴勃罗·毕加索的作品在同代人中反响寥寥，最受公众欢迎的新型音乐风格则是爵士乐。

萨尔瓦多·达利（1904—1989 年）：打破传统的艺术家

达利出生于加泰罗尼亚的一个富裕家庭，他在马德里学习艺术时尝试过立体主义，后来在巴黎工作期间成了一名超现实主义者。在西班牙内战期间，他拒绝为国效命，转而前往纽约平安度过了 20 世纪中期这段动荡岁月，直到 1948 年才回西班牙。在佛朗哥执政期间，他选择留在国内并对独裁者予以赞赏的行为，让那些流亡海外的超现实主义者非常不满。虔诚信奉天主教是他的另一个与众不同之处。1982 年，他被西班牙国王胡安·卡洛斯一世封为侯爵。达利剧院博物馆就坐落在他的出生地菲格拉斯的一座旧剧院里，其中的作品充满了超现实主义的魔幻色彩。

左图： 建于曼哈顿的克莱斯勒大厦是装饰艺术的标志性建筑。　　**上图：** 超现实主义艺术家萨尔瓦多·达利是佛朗哥的拥护者。

装饰艺术兴起于第一次世界大战之前的法国，混合了 20 世纪 20 年代的多种流行风格。此后，它作为一种现代性的视觉展示方法和对抗传统观念的重要手段，越发重要。装饰艺术不拘泥于形式和材料，是一种国际化的风格，美国的摩天大楼就深受其影响，1930 年在曼哈顿完工的克莱斯勒大厦就是典型例证。

妇女和选举权

20 世纪初发生了一些重要的政治改革，其中扩大选举权尤为值得一提。19 世纪，选举权范围的不断扩大仅限于男性。1893 年，新西兰成为第一个给予妇女普选权的国家。然而，即便是那些自诩进步的国家，若要达到现代的平等标准，依然有很长的路要走。"男女分工"的概念根深蒂固，女性的角色被明确限制在家庭范围内。

由于战争所致，参加劳动的妇女人数急剧增加，这也有效地推动了扩大女性选举权的运动。英国在 1918 年赋予女性选举权，然后是 1920 年的美国。不过，在 20 世纪下半叶以前，选举妇女成为国家议员，以及任命她们担任高级政府职位的情况仍是少数。

左图：20 世纪初，英国的妇女参政运动旨在为女性争取选举权。

上图： 1911 年 10 月 10 日，武昌军官发动起义。不久后，清政府便被革命力量推翻。

中国走向共和

　　东亚在 20 世纪初也经历了重大的政治变革。面对改革的呼声，清政府由于应对不力而日渐式微，终于一下子倒塌。1911 年 10 月 10 日，革命派打响了武昌起义的第一枪，全国各地纷纷响应，以求变革。革命呈现燎原之势，孙中山建立共和体制，终于在 1912 年 2 月 12 日，末代清帝溥仪宣布退位。北洋将领袁世凯伺机夺权，就任大总统。虽然 1913 年的大选结

五四运动

　　中国的屡弱让日本在中国沿海地区（尤其是山东）的势力迅速膨胀。1919 年，巴黎和会宣布将德国在山东的权益转让给日本，导致北京爆发了民族主义运动的高潮——五四运动。这极大地鼓舞了人们抵制外来势力，要求加强现代化建设，尤以城市中的青年学生为代表。

果倾向共和体制，但袁世凯拒绝接受，一心想自登皇位，不料却于1916年逝世。此后，中国形成了多方割据的局面。

上图：1912 年，袁世凯夺取政权，但他拒不实行共和体制。

国民党

在孙中山的领导下，国民党经过不懈努力，在广州建立了民族主义政权。苏联为限制英国的在华势力，帮助国民党打造了一支强势军队。1925 年，孙中山逝世，但他并未指定继任人选。蒋介石借助军事力量接管了国民党政府，并于 1926 年挥师北上，发动了旨在消灭北洋军阀的北伐战争。1926—1928 年，北伐军先后攻占武汉（1926 年）、上海（1927 年）、南京（1927 年）和北京（1928 年）。蒋介石通过集权化管理继续践行孙中山的现代化政策。

左图：孙中山领导了中国初期的民族主义运动，并成立中国国民党。后来，国民党在广州建立共和政府。

电影

　　在 20 世纪塑造社会的新兴力量中，电影和电视行业也在其列。论及电影、电视行业的发展速度和影响力，没有哪一个国家能与美国匹敌。美国影片向外界展示着美国社会的富裕及其物质文化，比如：汽车；世界各地的消费观念和文化潮流都受其影响，如女性可在公共场所吸烟，形形色色的美国电影都是如此。一些美国卡通形象也是家喻户晓，如米老鼠（沃尔特·迪士尼 1928 年设计的）、唐老鸭以及大力水手卜派。其他国家也推出了具有本国特色的电影和电视剧，特别是苏联，但其国际影响力远不如美国。从 20 世纪 70 年代开始，印度取代美国，成为电影产业最活跃的国家。印度电影之都宝莱坞位于孟买地区，如此命名也是有意取代美国好莱坞的地位。20 世纪 90 年代末，宝莱坞每年能出品 800 多部影片。

右图：像米老鼠这样的美国卡通形象在世界各地家喻户晓。

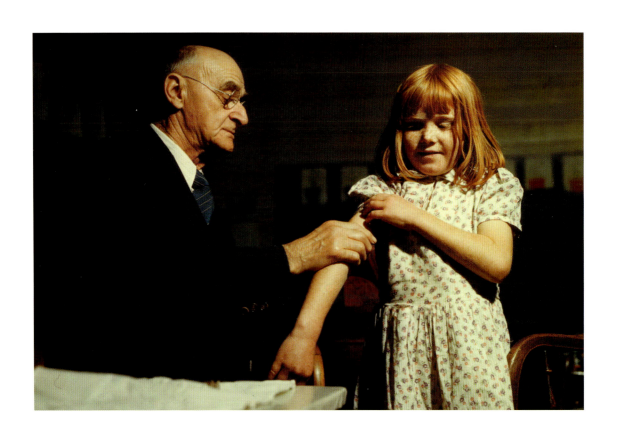

人类对抗疾病

　　20 世纪，医学变革之迅速、影响之深远前所未有。随着医学常识的增加和普及，人类识别和治疗疾病的能力呈指数性提升。这些进步影响了数十亿人的生活，改善了世界人民的健康状况。以前，若要治愈致命疾病或改善慢性病，必须等到取得重大发现并配合宣传才能实现。1922 年，胰岛素的发现大大减轻了糖尿病的影响。20 世纪 20 年代至 30 年代，人类还取得了医学方面的其他进步，如使用丙种球蛋白预防麻疹、首次将磺胺类药物用于临床（这对兽医学和人类医学同样重要），以及改进输血技术。1928 年，亚历山大·弗莱明在偶然间发现了青霉素——一种可以杀死细菌的霉菌。经分离提取后，它可用作药物，进行大批量生产。这在 20 世纪 40 年代掀起了一场抗生素革命，淋病等一些疾病的治疗方法也随之改变。

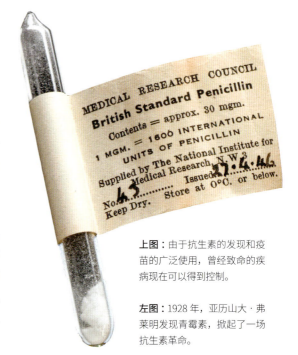

上图：由于抗生素的发现和疫苗的广泛使用，曾经致命的疾病现在可以得到控制。

左图：1928 年，亚历山大·弗莱明发现青霉素，掀起一场抗生素革命。

我们如何出行：飞机

1903 年，美国莱特兄弟首次成功试验机身比空气重的载人飞机。很快，空气动力在军事和商业中的应用如火如荼地发展起来，这一技术的应用范围也逐渐扩大。第一次世界大战极大地加快了空中力量的变革。飞机在战争中的成功运用，大大增加了人们对战斗机研发的资金投入，也促进了飞机在速度和机动性等性能上的改进。空军力量的发展表明了科学研究对军事实力的提升日益重要，风洞[59]的建造就是为了协助科研。无支柱机翼和全金属飞机相继问世，发动机功率增加、体积减小，飞机的爬升速度和飞行速度都得到了提升。1919 年，一架改装的英国轰炸机首次完成了不间断飞越大西洋的飞行。

航空服务在 20 世纪 20 年代至 30 年代迅速发展，航线、机场以及飞机的数量都大幅增加，特别是在美国。旅途所需的时间越来越短，但大多数飞机的航程都很长，因此需要经常加油。直到 1939 年，第一架能够不间断飞越大西洋的客机才问世。不过，那时的飞机已经明显优于早期的充气飞艇。欧洲列强建立了可通往其海外属地的航空网络。英国有飞往澳大利亚、中国香港和南非的航线。法国和比利时也开通了航线以维系在海外属地的控制权。为了增强政治影响力，德国也发展了对拉丁美洲的航空服务，并在当地与美国展开了竞争。

下图：1939 年，第一架能够不间断飞越大西洋的客机终于问世。

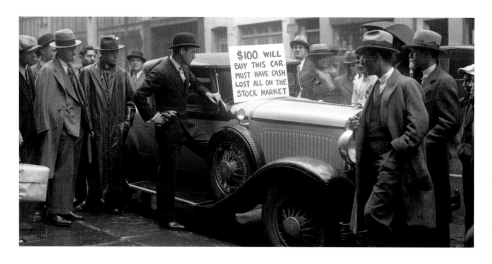

左图：华尔街的股市崩盘引发了一场世界性经济危机，猛烈地冲击了当时的世界秩序。

经济大萧条

20世纪20年代，美国的经济和工业因遭到重创而停滞不前。1929年10月，华尔街股价暴跌，纽约股市的投机热潮破灭，严重过热的美国经济终于崩溃。由于央行缺乏经验，采取了削减货币供应量的措施，导致资产价格泡沫的紧缩变得更加严重，资金的流动大受影响。寻求海外贷款等紧缩性金融管制政策的实行最终引发了全球性的金融危机。1931年，维也纳的信贷银行倒闭并造成一系列连锁反应，先是德国的银行倒闭，之后其他地区也未能幸免。

1930年，美国通过《霍利－斯穆特关税法》提高本国关税，抑制进口需求。其他国家纷纷效仿，全球兴起一股贸易保护主义之风。到1932年，世界贸易成交量大幅减少。自由贸易曾受第一次世界大战和俄国革命的重创，战后才渐渐复苏。此时，它则完全消失。

出口工业受到冲击，整个工业社会的失业率大幅上升。1932年，美国的全国失业率上升至近24%，制造业的产能仅占到全部产能的40%。由于工业国家对矿产等原材料的进口减少，商品原产国的经济也受到打击，这让整个发展中世界面临着严重的经济和政治危机，如拉丁美洲和大洋洲。而且，原产国更无力负担从工业国进口商品的资金。

大萧条摧毁了自由经济秩序，人们对资本主义体系信心全无。因此，各国政府越来越倾向于从本国（而非国际）的立场来考虑经济问题，国家对经济的干预也逐渐增强。

食物

19世纪末，冷藏船载着食物远渡重洋而来，西欧人的生活随之改变。在大多数家庭和餐馆里，餐桌上的食物主要是高碳水化合物，少有新鲜水果。大量的糖被用于热饮、甜点和糖果的制作。乳制品也是日常饮食的重要部分，黄油和猪油则被广泛用于烹饪。穷人主要以面包、奶酪、冷肉等冷餐为食，土豆也是他们的重要食材。传统菜肴仍然很受欢迎，很少有人会考虑替代的菜品。在饱受两次世界大战的摧残，以及20世纪30年代贸易保护主义的影响之后，人们对本土食物越发重视。

极端主义兴起

"一战"后，尤其是 1919 年《凡尔赛条约》的签订，使得战败国愤恨不已，再加上经济形势严峻，各国政局和意识形态日渐不稳，独裁主义者伺机夺权。1922 年，贝尼托·墨索里尼掌控意大利；1933 年，阿道夫·希特勒掌控德国。"一战"失利后，德国民众愤怒不已，希特勒的民族主义和种族民粹主义极具诱惑力，而右翼势力正对共产主义的前景担忧不已，希特勒利用这些情绪，成功动摇了德国的民主体制。1934 年，希特勒上台兼任总统、总理职位，德国从此成为一个独裁国家。

即使是在和平时期，独裁者仍然按照战时的方式进

上图：《凡尔赛条约》的签订和 20 世纪 30 年代紧张的经济形势引发了国内民众的愤怒情绪，阿道夫·希特勒借此成功上台执政。

行统治。在独裁体制内，统治者的权力和思想不受机构和党派的制约，政治决策均按照个人意志行事，没有商量的余地。在德国，希特勒对外交和军事政策专权专断，国际发展所带来的短期机会和焦虑与他那些由来已久的观念发生着碰撞。希特勒与其国内外的政敌在意识形态上冲突不断，他不仅打击共产主义者、社会主义者、同性恋或任何有独立倾向的人，还疯狂痴迷于反犹太主义，他的狂热政治被一种紧张的气氛所笼罩。

西班牙内战

极端主义的崛起导致西班牙内战全面爆发。1936年，一群自称"民族主义者"的高级军官试图夺取政权。他们反对共和党政府的现代化政策，但由于左翼联盟人民阵线[60]在1936年2月的激烈选举中险胜，

上图：西班牙内战（1936—1939年）通常被视为第二次世界大战的前兆。

他们担心共产党会夺取政权，"民族主义军"的政治观点表明了其反叛的原因。他们声称造反是因为政府已经失控（这正是左右翼间的暴力冲突所致），实际上是在反对共和国本身，以及其代表的民主和自由。虽然"民族主义者"在1936年取得了局部性胜利，但他们并未止步于此，一场更激烈的内战随即打响，直到1939年3月28日他们占领马德里，内战才宣告结束。

由于西班牙内战造成意识形态严重分裂，它通常被视为第二次世界大战的前兆。确实，强调宗教信仰的民族主义者斥责共和党人是反基督者的奴仆。不过，这种意识形态并不少见，它贯穿了整个19世纪的西班牙国内纷争。

中国抗日战争

20 世纪 30 年代，民族主义在日本盛行，很多军人都认为战争是"创造力之父"。1931 年，日本入侵中国的工业中心东北地区。中国丰富的煤炭、铁矿和土地等资源正是日本与美苏抗衡所必需的。日本宣称自己是一个在世界上寻求地位的新帝国，民意变得不再重要，因为军方有着极强的使命感。日本政府提出建立"大东亚新秩序"，意在消灭西方帝国主义和共产主义的势力。

1937 年，日本得寸进尺，决定发动全面战争，迫使中国臣服。不过，为维护中国主权，蒋介石已做好反击的准备。尽管日本在 1937 年攻占了北京和上海，于 1938 年进一步攻下广州和武汉等城市，但一直没能让中国军队放弃抵抗，同时也没能赢得中国人民的支持。

下图：1937 年 7 月，抗日战争打响，日本迅速攻占中国多个城市，于年底占领北京和上海。

南京大屠杀

1937 年 12 月 13 日，南京沦陷。为了让中国放弃抵抗，日军大肆屠杀平民。大规模的屠杀（如用活人当靶子）和奸淫是日军在长江中下游最令人发指的野蛮行径。然而，暴行没有打垮中国军民的士气，却暴露了日军凶残麻木的本性。近年来，日本试图淡化南京大屠杀的残暴程度，不过他们的说法无法让人信服。直至今日，当中国向世界展示其历史（尤其谈到抵御外侮）时，南京大屠杀一直是重要的主题。

第二次世界大战

德国初期的胜利

第二次世界大战是许多相关战役的总称,它们的起因、经过和结果各不相同。同一场战争,意大利和伊朗的视角或许完全不同,日本和牙买加的立场也可能大相径庭。1939 年,希特勒入侵波兰,战争由此开始。英国和法国决定加以阻止,战争进而发展为涉及多国的两大阵营的对垒,即以德国为首的轴心国阵营对抗由英法及其他国家组成的同盟国阵营,1941 年,苏联和美国也加入同盟国。由此可见,战争牵扯多方利益,国际判决和和平协定都失去了效力(不论是第一次世界大战后建立的国际联盟的裁定,还是像 1938 年慕尼黑会议那样由少数大国谈判后达成的协定)。战争如旋涡一般将一切卷入其中。

值得一提的是,战争让恐慌加速蔓延,但更多的机会得以浮现。德军在战争初期节节胜利,但无意接受和平,就此收手。在迅速征服波兰后,德军采取了进一步的攻势。

1940 年 4 月,希特勒迅速攻占丹麦和挪威,并于次月按照计划对法国发起攻势。与此同时,德军成功占领比利时和荷兰,落败的英军被迫撤离欧洲

下图:1939 年 9 月,德国入侵波兰,英国和法国被卷入战争。

闪电战 [61]

　　"二战"时期，德国凭借高效迅捷的闪电战术取得了阶段性胜利，但战后却出现了一些有关此战术的错误解读，即认为德国军队战无不胜，最终失败是因为同盟国的军备物资相对充足。事实上，闪电战的实效性，以及坦克和空中支援的重要性都被过分夸大了。它更像是一个加分项，而不是一系列胜利的根本原因。大部分的德国军队并未实现机械化，马匹仍然在德国的后勤中发挥着重要作用。德国在 1940 年的战果与其说是机械化的功劳，不如说是德国优质的作战部队和法国糟糕的战略决策。

下图：飞机和坦克对闪电战的实施至关重要，但实际上，大多数德国军队并未实现机械化。

大陆，其大部分军队在敦刻尔克大撤退中成功撤离。希特勒同墨索里尼成功结盟，意大利参战，继而入侵希腊，但没有成功。1941 年年初，德国说服罗马尼亚和保加利亚加入轴心国阵营，并顺利攻占南斯拉夫和希腊。

巴巴罗萨计划

　　盲目自信的希特勒极度蔑视其他的政治体制，他认为德国必须征服苏联，这样才能为移民争取到"生存空间"，再加上他一直担心斯大林会有所行动，最终在 1941 年 6 月，他启动了巴巴罗萨计划。这次进攻是基于对苏联体制即将迅速崩溃的信心，希特勒笃信有关苏联红军规模和调遣计划的（错误）情报。他拒绝接受别人认可的更为客观的外交和战略建议，从而使一场他其中战无不胜的局部战争演化成无法招架的世界大战。德军在战争的头几个月里屡屡获胜，但由于战略不当，他们始终没能让苏联溃败或投降。虽然苏联红军在德军的攻势下伤亡惨重，但他们的韧性和战斗力惊人。而德国未能就可行的方案达成一致，导致行动出现了严重错误。此外，有个问题一直悬而未决，德国军队是应该先集中火力摧毁苏联军队，还是先巩固征服的领地？如果选择后者，那么先占领哪里？

德国既没能占领莫斯科或列宁格勒，也没能瓦解苏联政权，德军陷入了一场他们赢不了的苦战，大量的军力被消耗。德军于 1942 年在斯大林格勒和 1943 年在库尔斯克发起的新攻势均以惨败告终。在斯大林格勒战役中，深陷重围的德国军队被迫投降。1943 年夏，库尔斯克战役结束，德军停止了对东线进攻。事与愿违的是，德军在苏联的攻势下连连败北，损失惨重，特别是 1944 年夏天的"巴格拉季昂行动"，苏军击败德国中央集团军后，继续向华沙附近挺进。同年，苏联的其他军队进入巴尔干半岛，迫使罗马尼亚和保加利亚背弃他们的德国同盟，至此，德军被驱逐出希腊。

大西洋海战

和第一次世界大战一样，德国想要打垮英国，他们不仅要摧毁其陆地联盟，还需展开海上打击，战舰对垒就是其中一种方式。但德国在战舰数量上远不及对手，因此主要采用了潜艇战术，企图让英军因断粮而投降。1940 年，德国因征服挪威和法国得以在公海上建立潜艇基地。

尽管英国损失惨重，最终德国还是被击垮了，这在 1943 年战争未结束时已有端倪。一方面是反潜技术的发展和有效使用；另一方面是德国在 1941 年 12 月对美国宣战，美国的加入让大西洋的制海权

下图： 斯大林格勒战役是东线战场的转折点，尽管参战双方都遭受重创。

向盟军一方倾斜。不过，盟军的长途反潜飞机无法抵达大西洋中部海沟作战。1943 年，中立国葡萄牙向盟军开放亚速尔群岛的军事基地，解决了这一问题。

大西洋海战的胜利使得盟军能在英国养精蓄锐，为 1944 年进攻法国做准备。盟军在海战和空战中的胜利，奏响了德国在陆战中彻底失败的序曲。

诺曼底登陆和纳粹德国的覆灭

1944 年，德国在西方盟军和苏联的双重攻势下节节败退，年底时，战争已接近尾声。1943 年，德国和意大利军队在北非战败，盟军攻入意大利，推翻了墨索里尼政府。1944 年 6 月 6 日，代号"霸王行动"的诺曼底登陆开始，这是历史上规模最大的两栖作战，最终赢得了胜利，这一天也被称作诺

上图：反潜技术的发展和美国的加入，确保了盟军在大西洋海战中的胜利。

曼底登陆日。事已至此，德国显然无望获胜，但希特勒拒绝接受现实。他决定战斗到底。1944 年 7 月，德国的军官曾试图用炸弹暗杀希特勒，但没有成功。

盟军对德国的猛烈轰炸一直持续到战争结束。这不仅重创了德国的工业生产，也借此向德国民众发出警示——持续地抵抗将带来灭顶之灾。

1945 年，盟军成功攻入德国，苏联军队占领柏林，希特勒在柏林的废墟中饮弹自尽；与此同时，在莱茵河上奋力突围的英美联军也击溃了意大利北部的德军。1945 年 5 月 7 日，德国无条件投降，并被盟军划分为多个占领区。

太平洋战争

1940 年，德国攻陷法国和荷兰，而在太平洋海域失去主导地位的英国被进一步削弱，导致东亚和东南亚出现了一个明显的权力真空。这点燃了日本南下的野心，从而在南亚遭遇到主要的对手——美国。日军在入侵法属印度支那（尤其是越南）时遭到了美国的抗议。

1941 年 12 月 7 日，日本在没有宣战的情况下，对美国太平洋舰队基地"珍珠港"发动了毁灭性空袭。自 1941 年年末至 1942 年年初，日本陆续占领菲律宾、马来西亚、荷属东印度群岛（今印度尼西亚）和缅甸。日本通过击败这些弱小且组织无方的对手获取了大片领土，但这并没有阻止美国人将其击退的决心，即便为之要付出长久的努力。美国无意和解，这使得日本无法制订一个切实的战争计划来巩固战果。

1942 年夏，美国海军致使日本舰队在太平洋上举步维艰。中途岛一役，日本海军共有四艘航母被击沉，

右图：1944 年 6 月 6 日的诺曼底登陆，是有史以来规模最大的两栖军事行动。

下图：日本偷袭珍珠港，将美国卷入战争。

而航母是当时海军力量的新象征。1943 年，在航母的支援下，美国的两栖作战部队在太平洋西南部和中部击退日军，并于 1944 年年末收复菲律宾。日本海军覆灭。1945 年 8 月，美国认为用原子弹轰炸广岛和长崎很有必要：一来可以打击日本继续战斗的决心，二来也可免去进攻日本将带来的重大损失。原子弹爆炸后，日本迅速宣布无条件投降。

犹太人大屠杀

希特勒对犹太人深恶痛绝，从而发起了一场旨在消灭所有犹太人及其文化的反犹运动。对犹太人的残忍迫害始于第二次世界大战爆发之前，德国犹太人的合法权利逐渐被剥夺，尤其是 1935 年的《纽伦堡法令》的颁布。1941 年，德国入侵苏联后，情况恶化，大批犹太人被德国侵略者杀害。在德国控制下的欧洲，犹太人被押往集中营，并从 1941 年开始进行大规模屠杀，毒气是常用手段。约 600 万犹太人惨遭毒手，奥斯维辛集中营的受害者最多，在那里约有 150 万人被杀。除屠杀之外，犹太人还遭到了抹黑和羞辱。老人和儿童通常会被直接处死，其余的人则充当苦力劳作至死。直到"二战"结束，德国军队才停止对犹太人的屠杀，这印证了种族冲突是纳粹政策的中心。德国的大多数人都知道犹太人遭受到的暴行。

"民主的军火库"：美国后方

1938 年，美国的工业产值已占全球的 31.4%（相比之下，德国为 12.7%，英国为 10.7%，苏联为 9.0%），这是同盟国工业产值高于轴心国的关键所在。美国无须担心来自轴心国的空袭，因此能集中大量资源制造军备，并向海外战场输送。美国的大批量生产技术得以

上图：战争极大地刺激了军工业发展。

发展，这在和平时期主要用在汽车制造上，而在战时则贡献了 29.7 万架飞机和 8.6 万辆坦克，其他的一些军备及武器系统（比如航空母舰）也在数量上超过了对手。

美国借着战争发了一大笔财。企业的利润提升，工人们充分就业，购买力和到手的薪水一起上涨，政府的税基也日渐增长。富兰克林·德拉诺·罗斯福是唯一一位在战争期间面临选举的主要参战国领导人，他已在 1932 年、1936 年和 1940 年赢得选举，并在 1944 年轻松连任总统。美国有资源和能力将生产核弹的计划付诸实施，足以证明其经济实力之雄厚，这在当时无出其右。

改变世界的物品：石油

20世纪，煤炭仍是非常重要的能源，但由于车辆、坦克等以石油作为燃料，因此石油的地位显得更突出。美国的霸主地位与其大力发展石油工业不无关系。首先，石油是美国工业生产的主要原料；其次，以埃索石油公司为代表的美国石油公司在沙特阿拉伯等地积极开发石油资源并控制了石油贸易。而美国在第二次世界大战中的对手——德国、日本和意大利等国的石油资源却很匮乏，石油需求影响着他们的战略决策，比如1942年，德国试图攻占里海的巴库，但以失败告终；1943—1944年，德军投入了大量军力以保护罗马尼亚在普洛耶什蒂的油田不受同盟军的空袭，因为这是当时欧洲大陆唯一的油田。与之相反，冷战期间的苏联虽然经济萎靡，但仍能持续对美国构成威胁，正是因为它是世界上最大的石油和天然气生产国之一。

到1998年，除木材和沼气外，石油支撑了全球40%的能源消耗，而煤炭和天然气的比例分别为26%和24%，核能和水力发电在当时所占比重还很小。工程和信息技术的重大进步推动了石油资源的开采，钻探可以抵达地表的更深处，人们对油田的了解也越发深入。中东的政治意义因其丰富的石油储量而提升。随着沙特阿拉伯、伊拉克等石油大国的战略地位增强，大国纷纷寻求与之建立盟友关系，但一些干预行动也不可避免，如2003年美国入侵伊拉克。不过，与19世纪煤炭在英国引发的效应不同，石油的原产国并没有兴起工业革命，而石油的开采也未能给迅速增长的人口带来相应的就业机会。

下图：德国竭尽全力在罗马尼亚的普洛耶什蒂油田布防，仍然没能防范1943年美国空军的突袭。

关键战役：中途岛

1942 年 6 月 4 日，日本海军在中途岛遭美军重创，美军从航空母舰上发起的空袭击沉了四艘日本航母。美国的胜利在很大程度上归功于卓越的指挥能力、善于把握突发机遇的能力，以及美国海军普遍较高的韧性。中途岛战役表明，海战的胜负开始由空中力量主导，不再是战舰对抗。

上图： 美国在中途岛海战中击沉四艘日本航母，取得了重大胜利。

国内战线与宣传

由于长期的战争，许多国家开始担心民众的士气，这引发了一种更注重社会福利的社会政治，系统的宣传也出现在公众视野。广泛的宣传报道体现了争取民众支持的必要性，极权主义国家也不例外。这也是开展公众再教育的手段之一，宣传内容从饮食习惯（以便使配给制发挥作用）到政治目标都有所涉及。希特勒认为，德国的宣传不仅是为了坚定信念，更是与敌人对抗的一种方式。

左图： 从 1940 年开始，德国先后使用飞机和导弹对伦敦发动空袭，给当地造成了毁灭性破坏。

右图： 德国利用政治宣传鼓舞国民士气，并同敌人开展斗争。

第八章 现代世界

1945年至今

伴随着不同国际阵营、不同意识形态之间相互对抗，战争，还可能对人类这一物种造成灭绝性打击的核冲突，世界局势瞬息万变，其影响无人能幸免。人口增长、技术发展以及城市化都是促成变化的关键因素。

冷战

下图：1945年，丘吉尔、罗斯福和斯大林在雅尔塔会议上讨论战后的世界格局。

战时联盟在和平年代往往难以维系。西方列强和苏联在意识形态上的巨大分歧难以消除。事实上，双方的分歧在1944年的东欧问题上已昭然若揭，在波兰问题上尤其如此，斯大林一心想吞并波兰。

1940

1950

1960

1946—1950年
中国解放战争

1955—1975年
越南战争

1949年
北约成立

1948—1949年柏林封锁

1946年
丘吉尔宣称"铁幕"
已经落下

1950—1953年
朝鲜战争

1955年
华约成立

1962年
古巴导弹
危机

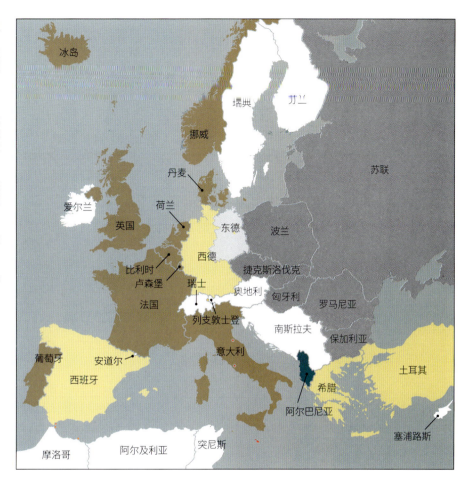

冷战军事联盟

北大西洋公约组织的创始成员国（1949年）

北约新成员：希腊和土耳其（1952年）、西德（1955年）、西班牙（1982年）

华沙条约组织的创始成员国（1955年）

华约新成员：东德（1956年）

退出华约：阿尔巴尼亚（1968年）

冰岛

瑞典

芬兰

挪威

丹麦

爱尔兰

荷兰

东德

苏联

英国

波兰

西德

捷克斯洛伐克

比利时

卢森堡

瑞士

奥地利

匈牙利

罗马尼亚

法国

列支敦士登

南斯拉夫

保加利亚

葡萄牙

安道尔

意大利

土耳其

西班牙

希腊

阿尔巴尼亚

塞浦路斯

摩洛哥

阿尔及利亚

突尼斯

右图：两大军事联盟在欧洲对峙——以北约为代表的西方阵营和以华约为代表的东方阵营。

这些分歧导致冷战爆发，但它并不是一场正式的或正面的冲突，而是一段通过长期的军备竞赛和大量的代理人战争实施对抗的敌对时期，直到1989年才结束。代理人战争是大国通过介入别国冲突进行较量的一种方式，这令仇恨滋长、恐惧加深，并造成一种高度戒备的军事状态。冷战双方都对瞬息万变的军事

1970

1980

1991

1979年
苏联入侵
阿富汗

1989年
柏林墙倒塌

1991年
苏联正式解体

力量、国际关系、政治秩序和意识信念深感不安，一场持续的、耗资巨大的军备竞赛就此展开，这也成了冷战的核心。可以说，军备竞赛就是冷战。双方都声称自己很强大，但又宣布需要额外的优势来确保己方安全。最终，"相互保证毁灭"[62]（Mutually Assured Destruction）机制的大规模核储备威胁才让形势得以稳定。

苏联最初没有原子弹，但其军队具备占领西欧的能力，西方迫不得已以核武器威胁才得以阻止。美国的"马歇尔计划"是一项旨在帮助"二战"后各国实现经济复苏的经济援助计划，许多西欧国家欣然接受，但苏联认为这是帝国主义的经济扩张行为，拒绝接受。从此，一道新的屏障横亘于西欧和那些未接受援助的东欧国家之间。苏联在分占德国的问题上拒绝合作，并在东欧强行实施一党政治，尤其在捷克斯洛伐克，这让西欧不得不采取措施。苏联的行为证实了丘吉尔1946年的演说，即从波罗的海一直到亚得里亚海，一道"铁幕"正在落下。1949年，北大西洋公约组织（简称"北约"）成立，这为西欧提供了一副防卫铠甲。美国放弃了一直奉行的孤立主义，积极促进新联盟的形成，并坚定地站在了西欧这边。1955年，苏联在东欧也成立了自己的军事联盟——华沙条约组织（简称"华约"）。

左图：1968年，"布拉格之春"引发自由化危机，苏联出兵入侵捷克斯洛伐克。

欧洲联盟

1958年，欧洲经济共同体成立，这是第二次世界大战后西欧政治结构改革进程的一部分。反民族主义的提出促进了欧洲的一体化进程，西德愿意接受法国提出的"舒曼计划"，这也促使法国同意实施经济共同体的方案。

随着欧洲经济共同体的地理范围不断扩大，新一轮的计划也被提上日程。1992年，《欧洲联盟条约》在马斯特里赫特签署，标志着欧洲联盟的诞生。这个新名词意味着新章程的开启。1999年，欧元作为贸易货币推出，成为欧盟大多数成员国的通用货币。

朝鲜战争和越南战争

眼看中国国民党在国共内战（1946—1950年）中被中国共产党彻底击败，美国遏制中共发展的念头愈加坚定。1950年，以美国为首的"联合国军"出兵干预朝鲜半岛，朝鲜战争（1950—1953年）就此爆发。"联合国军"一路打入朝鲜，但最终被前来支援的志愿军逼退，战争陷入僵局。之后经过多次谈判，双方终于在1953年签署了停战协议。

20世纪60年代初，由于美国的介入，南越（越南共和国）击败了北越（越南民主共和国）支持的越共。但是，美军能让对手止步，却无法将其击溃，加之国内的反战言论越发激烈，最终美国在1973年退出越南战争。1975年，南越被推翻。这场战争波及了邻国柬埔寨和老挝。这些冲突加剧了冷战的紧张局势，苏联和中国支持北越，而澳大利亚、新西兰和韩国则派军援助美国。

下图：美军在越南战争中的伤亡人数不断增加，引起了美国民众的强烈抗议。

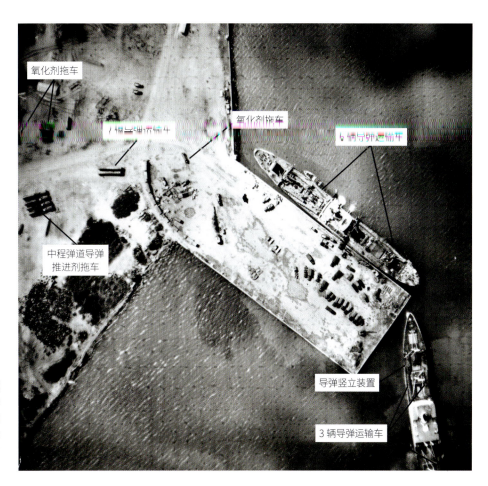

氧化剂拖车

氧化剂拖车

7辆导弹运输车

6辆导弹运输车

中程弹道导弹
推进剂拖车

导弹竖立装置

3辆导弹运输车

右图：这张侦察照片显示，1962年11月8日，苏联在古巴马里埃尔海军港口部署了导弹。

古巴导弹危机（1962年）

20世纪50年代，超级大国之间的核武器竞争趋向白热化，先是比早期核弹危险得多的氢弹问世并被用于部署，随后洲际火箭出现。1957年，第一颗人造地球卫星"斯普特尼克一号"由苏联发射升空，这将美国置于导弹的威胁之下。

20世纪60年代初，美苏都想在日益激烈的核军备竞赛中占得优势。美国总统约翰·肯尼迪（1961—1963年在任）为此极力扩充核武器以争取战略优势，而苏联共产党第一书记尼基塔·赫鲁晓夫（1953—1964年在任）则于1962年决定在古巴部署导弹。此时，反美的革命领袖菲德尔·卡斯特罗刚刚夺取古巴政权，并在1961年由美国指使的企图推翻他的行动中幸存下来（也就是让美国备受争议的"猪湾事件"）。苏联的导弹距离美国海岸如此近，这让美国如芒在背。

面对导弹的威胁，美国打算对古巴动武，封锁了其领空和领海以阻止苏联进一步的物资供应，肯尼迪还声称要进行全面的核打击报复。最终，经过复杂的交涉后，苏联同意撤除导弹。但事实证明，对于核武器的使用，从做出决定到箭在弦上，直至危机解除，不同的结果只在一念之间。世界第一次在核灾难的边缘摇摇欲坠。

冷战中的美苏经济

20 世纪 70 年代中期是冷战中相对和平的一个阶段，但对峙在 70 年代末再度升温，先是美苏插手安哥拉内战、介入索马里和埃塞俄比亚的战争，然后是苏联 1979 年入侵阿富汗。在总统罗纳德·里根（1981—1989 年在任）的领导下，美国在冷战中的态度明显强硬起来。在阿富汗、中美洲和撒哈拉以南非洲，美国为反共势力提供武器，并大规模集结美国军队。得益于美国经济的复苏，以及 20 世纪 80 年代里根政府在债券市场强大的集资能力，美国政府能够充分调用国内资源开展军事建设。然而此时，苏联由于缺乏可支配资金，军事上已无法与之匹敌。在苏联经济停滞不前时，美国经济却在飞速发展，并且没有出现经济"滞胀"。滞胀是经济停滞和通货膨胀同时发生导致的结果，20 世纪 70 年代曾引起社会的动荡。随着制造的过程日益复杂，美国不再只关注基本生产所需的原材料，开始重视制造所需的技能和投资，这一转变更加利于经济的发展。美国工人的人均拥有资本量仍然很高，国内经济和市场在放松管制后也变得更加开放，这不仅让高效的经济活动加速扩散，也刺激了资本向各个利润可观的领域流入。

苏联解体

苏联解体及东欧剧变出乎所有人的意料。1985 年，新上任的苏联领导人米哈伊尔·戈尔巴乔夫试图通过

左图：罗纳德·里根手腕强硬，美苏对抗加剧。

上图：1979 年，苏联军队越过边境，进入阿富汗。

下图：柏林墙的倒塌标志着德国的统一。

改革实现共产主义的现代化。20 世纪 80 年代中期，苏联的中央集权经济引发了严重问题，而早期试图通过改革解决这些问题的方法收效甚微。经济困难限制了社会投资和消费性支出，这让民心日渐向非民主体制倾斜。

戈尔巴乔夫依然坚持推进现代化政策，这让亲苏的东欧各国政府无力招架本国民众日益高涨的改革呼声。最终，东欧各国政权在 1989 年相继垮台，多党政治和自由选举制度登场。1990 年，东德和西德实现统一。1991 年，随着乌克兰等加盟共和国纷纷宣布独立，苏联最终解体。

非殖民化运动

印巴分治

欧洲的海外帝国也经历着与帝国内部相似的变化。"二战"后的英国一蹶不振，不再热衷于帝国主义，1947年，它宣布放弃对印度的控制。在与印度教的主要领导人贾瓦哈拉尔·尼赫鲁和穆斯林联盟领袖穆罕默德·阿里·真纳进行谈判后，时任印度总督的英国人蒙巴顿勋爵同意将英属印度一分为二：以印度教为主的印度和以穆斯林为主的巴基斯坦。但是由于决定太过仓促且计划不周，（短时间内大规模的人口流动）导致印度教徒和穆斯林之间的暴力事件激增，造成大约150万人丧生，1400万人颠沛流离。巴基斯坦的边境地区基本上是伊斯兰教的势力范围，印度也对穆斯林控制的克什米尔部分地区施加了控制。

印度凭借人口和财力的优势，在这片区域作风强势。1965年，印度对巴基斯坦开战，并于1971年击败对手，帮助东巴基斯坦独立，建立孟加拉国。此外，印度于1961年收复葡萄牙在印度的领地，并派军进入斯里兰卡帮助剿灭叛乱分子；同时，还在喜马拉雅地区与中国展开对峙。除了在20世纪70年代的"紧急时期"实行过独裁政治[63]，印度一直处于文官的统治之下，而巴基斯坦则由军方与文官政府交替执政。

右图：穆斯林联盟领袖穆罕默德·阿里·真纳，他建议蒙巴顿勋爵按宗教将印度次大陆分为两个部分，即印度和巴基斯坦。

中东局势

由于厌倦了在巴以之间充当仲裁者，1948 年，英国从联合国委任统治的巴勒斯坦撤出。中东因盛产石油而具有特殊的经济意义。1948 年，来自欧洲的犹太难民宣布建立以色列国，但遭到当地阿拉伯穆斯林的极力反对。双方的战争从 1948 年一直持续到 1949 年，以犹太人的胜利告终，大批阿拉伯难民从以色列迁出。目 1956 年以色列战胜埃及之后，1967 年又爆发了六日战争，以色列在战争中占领了埃及、约旦和叙利亚的领土。虽然一部分领土最终被归还，但以色列仍然控制着约旦河西岸，所以管理着大批巴勒斯坦人，这对其稳定构成了威胁。

下图：在 1967 年的六日战争期间，以色列占领了埃及、约旦和叙利亚的领土。从此，以色列的约旦河西岸和加沙地带居住着大量巴勒斯坦人。

上图：加纳领导人克瓦米·恩克鲁玛。在他的领导下，加纳成为撒哈拉以南非洲第一个获得独立的国家。

非洲殖民地瓦解

20 世纪 50 年代后期，非洲的非殖民化进程开始加速。列强内部对帝国主义的支持呈下降趋势，而殖民地高涨的民族主义运动则带来了越来越多的问题，大多数问题是殖民地希望以和谈而非暴力的方式终止帝国的统治。从 1957 年起，英国陆续允许其非洲殖民地独立，其中加纳最先独立；1960 年，除阿尔及利亚以外，法国承认了其大部分非洲属地的独立地位，比利时也放弃了对刚果的统治。

法国在 1954—1962 年极力维持着对阿尔及利亚的殖民统治，葡萄牙也于 1961—1974 年在安哥拉和莫桑比克进行了同样的努力，但两国都未能镇压反对的民族主义力量。虽然法军没有失败，他们也无法在这场代价高昂的战斗中歼灭阿尔及利亚的游击队。实际上，法国为赢得当地民众支持而采取的行动常常适得其反。

在非洲南部那些已经独立但仍由白人统治的国家中，起义运动也是如火如荼，如南非和南罗得西亚（今津巴布韦），这两个国家都由少数白人统治。直到冷战结束，南非才推翻白人的统治，废除歧视性的种族隔离制度。由此可见，国内的不稳定源于反对种族隔离、美国和欧盟制裁造成的经济负担，以及地位更高的白人的信仰，这些都必须通过改革才能取得进展。1980 年，津巴布韦独立，建立了由黑人统治的政府；在 1994 年的南非普选中，曾经领导解放运动的非洲人国民大会胜出。

独立后的非洲

新国家独立后，挑战也接踵而至。非洲大陆很快变成了两个超级大国的战场。刚果第一任总理帕特里斯·卢蒙巴因被认为支持苏联而遭到刺杀。有时，少数民族之间的紧张关系也会演变成战争。在尼日利亚，对伊博族的暴力冲突导致 1967 年伊梅卡·奥朱古上校宣布在尼日利亚东南部地区成立比亚法拉共和国。这场激烈的内战持续了三年，引起了国际社会的广泛关注。这是非洲独立后发生的首次战争，接着更多的冲突将纷至沓来。

迅速增长的人口让非洲面临着巨大的资源压力。尼日利亚是非洲人口最多的国家，目前在全世界排名第七，预计到 2050 年将超过美国（目前第三）。土地利用率已从 1965 年的人均耕地 0.5 公顷（1.2 英亩）降至 1995 年的 0.28 公顷（0.7 英亩），但这   压力被普遍的城市化所掩益。尼日利亚的城市人口比例从 1963 年的五分之一上升到 1991 年的三分之一以上：自 2010 年以来，尼日利亚最大的城市拉各斯每年都会增加 50 万人。在整个非洲，土地的紧缺给农村地区带来了环境压力，也让种族关系变得紧张。由于风蚀和水蚀严重，水土流失成了主要问题。边缘耕地正在退化，特别在纳米比亚、埃塞俄比亚和撒哈拉以南的萨赫

上图：自非洲独立以来，拉各斯迅速发展。根据政府数据显示，2012 年该市已有 2100 万人，成为西非最大的城市。

勒地区，每一处都面临着沙漠化的威胁。进入 20 世纪 80 年代后，萨赫勒地区曾发生大范围的干旱，许多毛里塔尼亚人不得不放弃游牧生活，搬到城市居住。

随着人口渐增，对于这片面积辽阔且贫富差距明显的大陆来说，非洲的经济发展和政治稳定很难一概而论。除了博茨瓦纳、赞比亚和坦桑尼亚等国处于稳定的发展中，很多地区仍然非常动荡，特别是从马里到南苏丹的萨赫勒地带以及刚果，体制弊端和腐败之风拖垮了许多国家的政治事务。在尼日利亚的拉各斯，交通严重堵塞、贪污腐败盛行和电力供应不足导致政府不得不雇用义务警员帮助维持治安。

严重落后的经济也是非洲的一大问题。到 2012 年，只有不到六分之一的非洲人在使用互联网。随着中国对非洲的技术援助和经济投资，移动电话正在普及，但当地的经济生产仍以初级产品为主。由于人口的迅速增长，埃及和南非等国由来已久的失业问题也持续恶化。

中国的改革开放与崛起

第二次世界大战的结束并没有给东亚地区带来稳定。日本投降后，国民党和共产党随即重回敌对状态。在美国军事顾问的帮助下，国民党迅速夺回日占区，并在 1946 年突袭了共产党军队；1947 年，他们短暂夺取了共产党的革命中心延安，不过胜利稍纵即逝。1948—1949 年，共产党在淮海、平津战役中取得了决定性胜利，国民党领袖蒋介石被迫撤军至中国台湾岛。

1949 年 10 月 1 日，毛泽东宣布中华人民共和国成立。

1976 年，毛泽东逝世，中国的政策发生了巨大转变。20 世纪 80 年代，新领导人邓小平积极推行经济自由化和现代化政策，如实行市场调价、允许私企存

在、农民可以保留余粮、吸引外资等，这些都促进了经济的迅速繁荣。当然，这在很大程度上得益于开放的外国市场。中国的国民生产总值迅猛增长，特别是在南方沿海地区。相比于其他出口国，中国丰富的劳动力极具优势，吸引了大量外来投资。进入 2000 年后，中国成为世界第二大工业生产国，到 2010 年时已跃居世界第一。

20 世纪 90 年代末，有关亚洲第一及美国劲敌的舆论焦点开始从日本转向中国。从 2000 年开始，提升国力成为中国的一项重要政策。

东亚土地改革

在过去，许多国家的土地分配都极不均等，且往往是世袭继承。第二次世界大战后，情况发生了巨大变化，苏联在 20 世纪 20 年代采用的模式再次出现。为了建立新的社会政治，新中国实行了土地改革。

20 世纪 40 年代末，日本也进行了土地改革（虽然是在美国的主持下）。与 1910 年革命后的墨西哥和 1947 年独立后的印度一样，这次改革激发了自耕农群体的积极性（至少在理论上是如此）。

冷战后的美国

20 世纪 90 年代，美国成为举世瞩目的超级大国。由于美国在世界 GDP 中所占的比例上升，西方世界与其他国家之间的人均收入差距日益扩大。同时，美国在全球出口中所占的份额也在 1999 年上升至 17.7%。相比之下，墨西哥发生金融危机（1994—1995 年），亚洲大部分国家在 1997—1998 年面临着流动性危机，俄罗斯在 1998 年产生了债务拖欠危机……这些危机反映了外延性投资和流动性大幅增

加所造成的压力，并以大范围的金融波动表现出来。但正因能成功度过危机，这证明世界金融体系比 20 世纪 30 年代时更强大。美国在这次危机中成为其他国家的商品市场，为顺利度过危机发挥了关键作用。2017 年，美国对华贸易逆差达到创纪录的 3750 亿美元。

现代消费兴起

　　从 19 世纪中叶开始，各地经济都在快速增长，在"二战"后尤其明显。发达国家的多数居民因此拥有了更多可支配的财富和闲暇时间，社会支出模式的形成随之加快。1973 年，美国的人均生活水平比 1948 年上涨了 82%。在此期间，美国家庭的收入中值平均每年增长 3%；美国企业商业部门每小时的销售量也以每年 3% 以上的速度上涨。在整个西方，食物、住

左图：汽车是典型的消费品。到 20 世纪末，拥有一辆汽车是每个美国家庭的愿望。

房和供暖等基本开销仅占平均预算的很小一部分，并且随着越来越多的已婚女性参加工作，劳动参与率的上升让日常开销的预算比例进一步降低。

大规模的城市化带动了货币经济的增长，而人们将消费能力作为个人的评判标准更是加速了货币经济的兴起。产品设计和广告宣传可以体现商品的时尚度、成本高低和体面程度，进而影响消费者的选择。广告是为了让产品畅销国内外。

传统的广告方式有户外看板、公交车身、商店橱窗以及"三明治式广告牌"，更新颖的方式陆续出现：彩色摄影、商业电视，以及在20世纪90年代兴起的互联网。广告往往会在全国投放，以确保产品和活动的名气可覆盖全国而非局限于某地。

销售和广告利于经济的增长，其在国际市场的地位也日益凸显。这在某种程度上归功于外国产品的独特吸引力，以及因全球技术发展而扩大的产品种类和功能，如合成纤维。

在发达国家，人们可能会丢弃仍能正常使用的商品，一些非功能性的产品也开始受到青睐，比如在21世纪初，破洞牛仔裤成为日常服饰。由此增多的垃圾给环境带来了可怕的影响，特别是制造出的大量塑料产品，导致大量废弃塑料出现在海洋中，但塑料需要很多年才能被降解。

流行文化

从20世纪60年代开始，青年文化成为时尚、服装和流行音乐的焦点，社会开始强调个体及其塑造个人独特世界的能力。歌曲和电影以性别独立为主题，享乐主义则注重自由意志、自我实现和消费主义。

青年文化、女性主义、毒品和性解放是国际性的主题，新的性别身份以及青年的期望和角色受到关注。与此同时，既存的文化和社会规范使得公众和政府对于离婚、堕胎和同性恋等问题的看法产生了巨大分歧。

艺术作品的创作继续借鉴不同的形式，打破界限，抛弃既定的分类和规范，社会在激进知识分子的影响下开始发生变化。法国人类学家克洛德·列维-斯特劳斯和法国文学评论家罗兰·巴特是结构主义运动的代表。结构主义将语言视为一套准则，虽然语言本身的价值有限，但它可以指导人们了解任何潜在的真实。这就转向了后现代主义，它在20世纪80年代曾风靡一时。"二战"后，以马丁·海德格尔和让·保罗·萨特为代表的存在主义在欧洲风行，这是一场虚无主义的哲学思潮，强调个人在残酷世界中的脆弱和选择的空虚。

美国流行文化对生活方式的影响要大得多。20世纪50年代，在美国的影视节目及其衍生产品的影响下，美国被消费社会视为财富和快乐之地，神秘感大增，特别是在西欧、拉丁美洲和日本。美国文化中民主、亲民和易理解的部分在其影视作品和音乐中也有所体现，如伦纳德·伯恩斯坦和阿隆·科普兰的作品就将古典音乐和流行风格进行了完美的融合。

20世纪60年代，一些早期的禁忌受到了社会、文化和知识变革的冲击，有的甚至完全被消除。如20世纪50年代末，口服避孕药诞生并迅速传播，这让性行为与生育的分离变得前所未有的简单。

上图：20 世纪 60 年代的时尚代表了这一时期所特有的、多元化的个性文化。

上图：20 世纪 50 年代，以猫王为代表的摇滚乐兴起。

电视普及

　　1926 年，约翰·罗杰·贝尔德首次公开展示电视技术；1936 年，全球首家公共电视广播服务机构在英国成立。第二次世界大战导致电视的进一步发展受阻。战后，繁荣的经济和信贷能力的提升确保了西方的电视拥有量迅速上涨。到 1959 年，75% 的英国居民能经常观看电视。1986 年，美国已有 1.95 亿台电视，成为全球的电视文化中心。与此同时，巴西有 2600 万台，印度有 1050 万台，印尼有 660 万台。20 世纪 90 年代，卫星频道进一步补充了日渐增长的地面电视频道。电视取代广播占据了多数人的主要闲暇时间，它塑造观念、引领潮流，既能制造话题也会引发争议；电视机前留下了家庭的温情时光或辩论时刻，成为家庭生活的一大特色。电视是推动"消费社会"形成的变革之力，也是播报世界各地信息的"世界之窗"。电视也日益成为大众品位的反映。

　　此外，卫星电视还具有跨国影响力，可以打击信息的垄断。宗教激进主义者就极力阻止或限制有关西方生活信息的播报，阿富汗的塔利班政权甚至禁止人们使用电视。

现代音乐

　　消费选择与一系列的社会发展息息相关，比如青年消费群体的出现。当时，大多数青年都希望（并做到了）塑造自身形象，拒绝成为长辈的翻版，拒绝听从父母的意见。流行音乐的发展尤其能体现这一点，流行乐是一种以年轻人为焦点的音乐类型，20 世纪 50 年代的"摇滚乐"和 60 年代的"流行乐"都是如此。美国的猫王、英国的披头士乐队等明星成为反抗传统规范的代表人物。这类音乐通常没有复杂的技巧，能够通过新科技产品（如晶体管收音机）收听。

右图：1926 年，约翰·罗杰·贝尔德首次演示了电视技术，但直到 20 世纪 50 年代，电视才开始普及。

左图：化肥、杀虫剂和机械化生产大大提高了农业产量，这是 20 世纪60 年代"绿色革命"的一部分。

养活世界

全球人口的急剧增多意味着对粮食的需求也空前增长，这一需求基本得到了满足。事实上，那些因粮食供应不足而暴发的饥荒，主要是由战争、计划经济中激进的农业政策或极端的环境造成的。在发达国家，高消费使得肥胖成为影响健康的严重问题，这是其他地区没有的。

绿色革命

世界多数地区的农业增长都发生在 20 世纪下半叶。由于"绿色革命"，特别是改良作物的广泛种植、化肥和杀虫剂的大面积使用、机械化的普及以及灌溉用水的增加，人均粮食产量从 1961 年的 135 千克增加到 1989 年的 161 千克。

在 20 世纪的最后几十年里，机械化不仅促进了巴西农业的增产，还带动了当地社会和地理上的变化，即小型家庭农场逐渐转型为拥有大型农场的农业综合企业，特别是在亚马孙南部内陆的塞拉多地区。大片的田地更易进行机械化操作，便于机器收割的作物和耕种布局也由此改变。不过，巴西的传统农业还面临着社会成本降低的冲击。

"绿色革命"带来的环境问题也很严重。为了追求产量而单一地栽培高产品种，既减少了生物的多样性，也为特定的害虫提供了食物来源。而农耕本身又会造成土壤侵蚀和土壤贫化。

工业化养殖

随着收入的提升，人们对肉的需求也在增加，每英亩的肉产量开始受到关注。肉的来源从放牧养殖的肉牛转向全年可供的集中饲养型动物，尤其是猪和鸡。"工业化养殖"由此诞生，牲畜全年被高密度地饲养在厂房中。

现代饮食

20 世纪 50 年代，经济回暖带动了各方面的繁荣，比如蛋白质和碳水化合物的消费增加，这两类营养是西方饮食的主要成分。发达国家的营养水平明显提高，北美、西欧和大洋洲的每日人均热量摄入极高。

从 20 世纪 60 年代开始，这些地区的国民饮食日趋受到新食材和外来菜肴的影响。意大利、中国和印度的餐馆开到了国外，而麦当劳等美国的快餐连锁店也无处不在。

人们想要品尝新式菜肴，而各种烹饪信息更是俯拾皆是，家庭不再固守一本祖传食谱或老旧的烹饪书籍。相反，他们购买新食谱并咨询烹饪工艺，关于烹饪的电视节目也格外受欢迎。冷藏技术延长了食物的保存期限，人们的饮食习惯也随之改变。对于消费者而言，食材可以全年供应，不再受季节限制。此外，随着低温冰箱和微波炉的出现，方便食品兴起并成为新菜品市场的主力军。

相比之下，撒哈拉以南非洲、南亚，以及拉丁美洲部分地区每日的热量摄入仍然很低。有些地区还会发生饥荒，比如埃塞俄比亚。传统的食物和烹饪方法在这些地区仍然相当重要。此外，由文化差异造成的饮食禁忌也难以改变。

下图：从 20 世纪 60 年代开始，北美和西欧的餐桌上出现了意大利、中国和印度等国的菜品。

右图： 从 20 世纪 50 年代开始，人们逐渐意识到工业生产带来的后果，保护自然环境成为重要议题。

环保主义

20 世纪 50 年代，有人提出地球是一个有机运作的生物圈，它通过自然的反馈机制来维持生命，这一观点冲击了将地球视作待改造和使用的土地或商品的想法。目前，人类活动正影响着地球的环境系统，如大气污染。人们已经能够追踪空气污染和水污染的传播途径并形成报告。美国生态学家蕾切尔·卡逊在著作《寂静的春天》（1962 年）中强调了农药对环境造成的危害，尤其是"滴滴涕"[64]。

人口增长、经济发展和财富积累都给环境带来了压力。由于森林或化石燃料（尤其是煤）的燃烧，二氧化碳的排放量增加；而工业生产排放的硫和氮也让酸沉降[65]变得严重。此外，酸雨不仅破坏了林地，还污染了河流和湖泊。

污染的辐射范围非常广，即便是远离污染源的地方仍会被波及，不论是在污染源国（特别是高原地区），还是在其他国家。

污染通过各个途径侵袭着世界。车辆排放的大量尾气影响了空气质量。消费社会产生的垃圾越来越多，很多都难以通过生物进行降解，有些甚至是有毒的。海洋中的塑料垃圾经藻类和鱼类进入人类的食物链。

滥伐森林

据卫星数据显示，森林消减的速度在20世纪大大加快。1970—1995年，全球约有10%的天然森林消失。换一个角度来看，1960—1990年，发展中国家失去了大约4.5亿公顷森林。

温带地区开始种植大量新树苗，如加拿大和斯堪的纳维亚；而热带地区则截然相反，人们对占有土地和开发森林的欲望更胜一筹。在文莱，人们为了获取棕榈油，大片森林被砍伐以种植棕榈。而在20世纪的前四十年里，印度尼西亚的爪哇岛经历了超快速的人口增长，远超农业生产的速度，这不仅导致人均占地面积缩小，还造成了滥砍滥伐森林和土壤贫瘠。这一过程在世界上的许多地方都发生过。

下图：由于新技术的发展和世界人口的快速增长，20世纪森林消减的速度大大加快。

水坝

　　水坝是人类意识形态和政治活动的产物，可以通过控制水流解决消耗用水或水力发电的问题。从20世纪50年代开始，人们认为安全的水力发电比核能更适合作为化石燃料的替代品。遍布世界各地的水坝是大势所趋，各处的大型水利工程便是例证，如田纳西河谷和整个美国西部的大坝，其中以胡佛水坝最引人注目；还有苏联的顿河大坝、澳大利亚的雪山工程、埃及的阿斯旺大坝、赞比亚和津巴布韦之间的卡里巴水坝和中国的长江三峡大坝。许多水坝仍在建设中，如埃塞俄比亚在青尼罗河上修建大型水坝，而下游的埃及和苏丹对各自将获得的水量一直存在争议。

下图：长江三峡大坝是人类改造环境为己所用的伟大工程。

气候变化

　　随着人口的增加和土地利用方式的转变，森林作为大型碳汇[⑥]的能力下降。自工业革命以来，煤炭和石油等化石燃料的使用大幅增加，燃烧产生的大量二氧化碳排放到大气中，导致温室气体越积越多。

　　这些积聚在大气中的气体阻止了地球热量的散发，导致极地冰川的消融和毁灭性的气候变化。自20世纪70年代中期以来，地表温度稳步上升：从1975年到20世纪末，温度上升了约0.5摄氏度。

　　气候变化加重了人们对现代化的忧虑，也给国际外交带来了考验。美国、中国、印度和欧盟曾试图就限制碳排放达成协议，但在经过激烈的辩论后仍未能达成。2001年，美国以偏袒发展中国家为由拒绝签署1997年制定的《京都议定书》。2017年，美国又拒绝签署2015年在巴黎达成的气候变化协议。

世界人口

人口迁移

在 20 世纪至 21 世纪期间，人口迁移率在各种因素的影响下呈上升趋势。拉力因素包括经济机遇的出现和运输路线的改善；推力因素则有武装冲突、政治斗争、种族或宗教迫害、人口增长导致的贫困，以及干旱和洪水等自然灾害。移民的模式多样而复杂，大部分是境内移民，以从农村迁移至城市或者机会更好的地区为主，比如中国的沿海城市、印度和日本的大城市，以及美国的阳光地带[67]。在日本，人口主要从

右图：1948 年，"帝国疾风号"抵达伦敦，标志着移民新时代的开始。

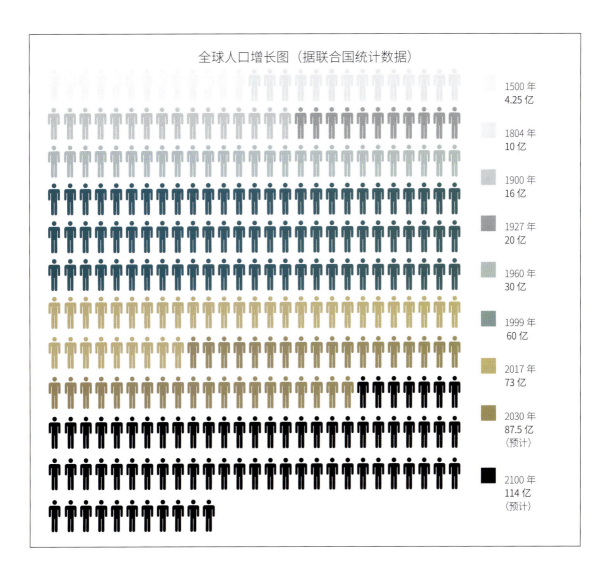

全球人口增长图（据联合国统计数据）

1500 年
4.25 亿

1804 年
10 亿

1900 年
16 亿

1927 年
20 亿

1960 年
30 亿

1999 年
60 亿

2017 年
73 亿

2030 年
87.5 亿
（预计）

2100 年
114 亿
（预计）

农村迁往东京和大阪。

　　跨国移民引发了更多争议，比如外来务工人员，不论是前往法国的葡萄牙人、奔赴德国的土耳其人，还是前往海湾地区的印度人，他们带来的问题远少于那些为躲避迫害而逃离家园的人。而对于后一类移民，截然不同的文化会带来诸多问题，不论问题是真实存在或只是恐惧使然，都让这类移民更具争议性。

　　自 2010 年以来，从中美洲向美国移民，以及从中东或非洲向欧洲移民在政治层面上变得格外敏感。

有评论员指出，这将使本国居民面临着身份认同的威胁，并将随当前世界人口快速增长带来诸多问题。据估算，世界人口将会继续保持增长的趋势，尽管一些国家（尤其是日本）的人口在减少（或许中国到 2030 年也会这样）。

　　人们曾设想到 2050 年人口最多不会超过 95 亿，因为妇女在接受教育后会控制家庭的规模。但事实证明这一想法并不准确，许多地区的人口增长率仍然很高，特别是在宗教群体内。人口问题仍然是世界各地经济规划中需要关注的问题。

未来的城市

　　截至 2012 年，全球 70 亿人中有一半以上居住在城市。联合国据此推测，到 2030 年，全球城市居民将超过 50 亿。还有人推测，到 2050 年，全球将有四分之三的人居住在城市，其中增长最明显的是亚洲和非洲。确实，目前全球有 34 个人口总数超过 1000 万的特大城市。在 2015 年全球最大的 20 个城市中，亚洲占据了 14 个席位，而且排名前八位的城市均属亚洲。

　　对新城市的需求是研究更多、更好的可持续城市发展形式的主要推力——仅在中国，就需要数百个城市来容纳境内移民。批量兴建的城市高层建筑占地不多且成本较低，是重要的解决方案之一。上海有 1000 多幢 30 层以上的建筑，这是一个城市能在短时间内从地方城镇摇身一变成为繁华的国际大都市的最佳例证。正如 17 世纪的阿姆斯特丹、18 世纪和 19 世纪初的伦敦，以及 20 世纪的纽约一样，上海是 21 世纪现代化和变革的标志。不过，大批的老上海建筑被迫拆除，数十万人需要重新安置，这在中国的城市化进程中非常普遍。随着人口增长，环境问题随之而来且越发严重，这些都让城市生活面临的挑战急剧增加。

右图：上海仍在持续快速发展。为了容纳持续增长的人口，城市的规模不断扩大，建筑越来越高，并向外围发散。

现代科技

医疗卫生和发展中国家

20世纪下半叶，随着药物种类的完善，医疗卫生事业取得了重大发展。由于对疾病控制的认识更加深刻，以及更有效的医疗保健政策、儿童免疫计划和全面营养计划的实施，公共卫生得到了改善。"绿色革命"让印度和中国的粮食产量大幅增加，减轻了饥荒的影响。

世界卫生组织（简称WHO，成立于1948年）针对麻疹和结核病等疾病推行了全球免疫计划。1948—1966年，该组织负责结核病疫苗接种共1.8亿次。

自20世纪50年代以来，多数发展中国家的预期寿命大幅提升，这主要得益于婴儿死亡率的下降，特别是在中国和印度，大幅下降的婴儿死亡率带来了显著变化，到1999年，两国的预期寿命分别上升至70岁和63岁。在过去的75年里，人口的迅速增长是影响世界历史的主要因素之一。

上图：世界卫生组织自1948年成立以来，开展了许多全球免疫活动。

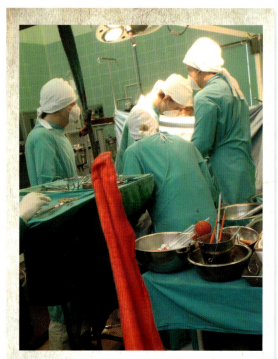

上图：1967年，第一例心脏移植手术在南非进行。

器官移植

移植是外科手术中一个引人注目的分支。19世纪，人类开始试验并成功开创了角膜移植术。20世纪，移植术的进一步尝试曾一度受阻，以肾移植手术的失败为例，患者往往因病情过重无法在手术中存活下来。直到20世纪30年代，人们才了解器官排斥反应的原理。自20世纪40年代起，这些问题相继被克服。肾脏移植不再是天方夜谭，手术后病人可以靠透析维持生命，并使用抗生素抑制感染。1950年，第一例肾移植手术在芝加哥进行。

20世纪60年代，心脏搭桥和心脏移植手术也成为现实。第一例心脏移植于1967年进行，第一例心肺移植在1981年进行。人体器官移植由存活率低的试验性操作变为一种非常成熟的常规手术。

汽车

在发展中国家，汽车制造业广泛发展，人们的汽车拥有量显著提升。而在发达国家，随着战时紧缩政策和管制措施的结束，汽车拥有率在20世纪50年代也有所上升，汽车业的发展带动了经济增长。进入20世纪60年代后，日本、巴西和韩国先后拥有了强大的制造产能。到1990年，全球已有近6亿辆汽车，在随后的十年中，中国的汽车拥有量也在突飞猛进。1956年，太平洋的复活节岛上只有一辆吉普车，但在2000年，该岛的汽车拥有量已超过3000辆（相当于该岛的人口总数）。

汽车是人类世界特有的景观之一。城市污染也因此加剧，以北京、开罗和新德里为例，城市的空气质量变得非常糟糕，而艾略特在诗作《荒原》中提及的"喇叭和马达的声音"更是响个不停。交通高峰期的洛杉矶堪称最拥堵的城市，2017年，这里的司机全年在拥堵高峰时段的人均等待时长为102个小时。

在人口稠密的地区，大部分人的私人出行更加

公路

为提升车速而修建的长距离、多车道公路最早出现于1935年的德国，"二战"后数量愈加增多。最重要的当属20世纪50年代发展的美国州际公路系统，它取代了长途客运铁路服务，并形成了一定区域内可免费行驶的全国公路网。1958年，英国的第一条高速公路开通；四年后，横贯加拿大的公路也开通了。

便捷（但并非一概而论），居住密度随之下降，休闲活动的发展也受到影响。拥有汽车给许多人带来一种自由的感觉（也许是错觉），以及更多的机会和选择。根据居民的财富水平、前景、机会和年龄来划分群体的现象越发明显。贫民群体的一个明显特征就是缺乏流动性。

下图： 在洛杉矶这样的城市，汽车的暴增造成了城市的拥堵和污染。

改变世界的物品：计算机芯片

由于计算机的体积急剧缩小，它成为世界各地办公场所和家庭中的一大特色。电子元件的微型化使得人们能在极小的硅片上建立完整的电子电路，这是一种有效且低廉的信息存储方式。1958 年，集成电路诞生；1966 年，第一台手持计算机问世；1971 年，英特尔公司推出了第一台微处理器芯片"Intel 4004"。该公司的联合创始人戈登·摩尔曾在 1965 年预测，由于单个集成电路的晶体管数量每隔 12—24 个月就会翻一番，芯片的性能将会迎来巨大变革。

在日新月异的现代社会，产品的便携化成了技术发展的附属产物，移动电话、笔记本电脑和微型磁盘系统等产品因其小巧的外观，日益受到大众的欢迎。无键盘掌上电脑

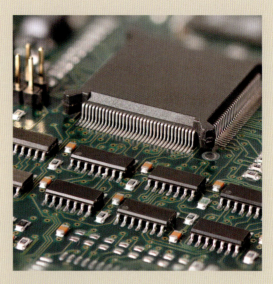

上图：微处理器改变了人们工作和互动的方式。

下图：光纤电缆的发展大大增加了机器之间的信息传输量。

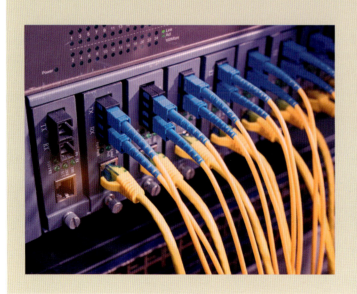

也应运而生。与此同时，办公电脑和个人电脑的增多促进了电子邮件和互联网的使用。由于计算技术的改进，不同的机器之间可通过程序运行进行协作，这确保了互相连通的计算机能够协作如一，功能更强，无须一台真正的超级计算机。光纤电缆等一系列技术提升了电缆系统的容量，电话和计算机通过电缆传输的信息量也随之增长。

机器人

　　到 1999 年年底，全世界已有 75 万台机器人被用于协助生产。它们在汽车制造业的应用最为普遍，其中以日本最突出，美国、德国、意大利和法国紧随其后。在机器人数量最多的 20 个国家中，非洲、拉丁美洲和南亚没有一个国家上榜。与计算机一样，本身性能的优化以及生产系统的改善不仅降低了机器人的成本，也提高了其生产力。

上图：目前，机器人在制造业中发挥着重要作用，尤其是汽车工业。但它们的使用仍集中在美国、日本和西欧国家。

我们如何出行：太空

从 1903 年莱特兄弟第一架飞机试飞成功到 1957 年苏联的"斯普特尼克一号"卫星升空，这一飞跃式的发展恰好体现了变化越来越快的本质。1969 年 7 月 20 日，在轨道卫星成功绘制月面图后，人类第一次踏上了月球。这也是美国载人飞船"阿波罗 11 号"的任务之一，它由巨大的运载火箭"土星 5 号"发射至太空，6 亿人通过电视直播观看了登月过程。1968 年 12 月，执行"阿波罗 8 号"任务的宇航员们是首批看到地球从月球上升起的人类。

无人驾驶也有着重大意义。1975 年，两艘"海盗号"探测器为寻找生命登陆火星，但没有任何发现。1977 年，美国发射的"旅行者号"探测器从外行星传回图片。壮观的图像被转化为无线电信号并以光速发回地球，比如 1989 年采集到的海王星图像。1990 年，哈勃太空望远镜搭载升空，天文学家得以接收到关于遥远星系的更优质图像。自 20 世纪 90 年代人类发现第一颗太阳系外行星之后，又有数千颗外行星相继被发现。

人类探索月球、行星和恒星的能力大幅提升，但许多小说和电影中描绘的革命性发现并未出现，如电影《2001 太空漫游》（1968 年）和《异形》（1979 年）。《星际迷航》和《星球大战》等系列电影大受欢迎，体现了人们对外星人的浓厚兴趣，以及将其等同于人类来看待的意愿。

上图：像"旅行者号"探测器执行的这种无人驾驶任务，为人类进一步了解太空做出了重大贡献。

左图：1969 年 7 月 20 日，有 6 亿观众通过电视收看了登月直播。

理解物质

借助当前和未来的技术，尤其是"虚拟现实"技术，一些逼真的表象被创造出来并不难。这些技术能在多大程度上模糊人类对真实和"虚构"或"幻想"景象的感知差异，我们尚不清楚。通过研究物质和宇宙的特质，进而探索时空的相互关系，即空间中的时间流动和时间中的空间存在，一种不同的时空观由此产生，这基于先进的天文学知识、大型强子对撞机（一种先进的粒子加速器）和量子理论的共同支持。量子理论认为，即使相距很远，粒子们也可以"知道"对方的运动轨迹。这为复杂的信息系统带来了一些新设想，比如，信号的传递速度也许可以快于光速（之前人们认为这是不可能的），那么回到过去也并非是妄想了。由此可见，理论的发展影响了人们对宇宙的理解，并为时空的研究提供了一种新视角。尽管存在争议，但这些想法似乎把时间和空间重新连接了起来[68]。

右图： 由于大型强子对撞机的应用，关于物质和粒子物理学的一系列新理论得以证实，包括希格斯玻色子的存在。

结语

　　人类的未来似乎由两大趋势决定：人口的迅速增长和人类对环境的影响。在两者的共同作用下，地球的生态系统受到了人类活动的广泛影响，这一时代被称作"人类世"。这是一场全球变革，变化在世界范围内同时发生，各个地区之间的关系也将受到影响。

下图：是宗教衰落的时代，还是宗教狂热的时代？取决于关注哪个地区。

　　过去一再重演，引领我们走到当下，并为未来设定了环境、标准和动力。一代人认为时髦的东西通常很快就会过时（但并不总是这样）。"现代性"一词倾向于假定一个现代化的过程（变得越来越现代），并将其视为研究的中心主题和组织原则。现代化进程会破坏过去的多样性，并否定变化过程中的各种可能性。由于这一进程本质上过度关注当下，目的性也过于明确，很可能会误入歧途。近年来，宗教在一些国家可能

处于文化的边缘地带，如在中国、西欧和大洋洲。但在世界其他地区，尤其是非洲和美洲，宗教却在恢复和发展中，往往伴随着新派别的诞生。与 1900 年或者更早的时代相比，我们是否应该重视环境恶化和道德沦丧的问题？是否应该正视大多数帝国衰落的原因？是否应该打破一些保守的社会风俗，尤其是女性问题？

现代化可以通过一系列重大变革来实现，比如普及大众读写能力和推进城市化进程。变革主要发生在 19 世纪和 20 世纪，而在近代早期的西方，印刷术预示了这些进步出现的必然性，因为与在中国和日本不同，印刷术推动了西方的宗教变革、政治运动以及先进科学知识的广泛传播。正因为如此，现代化始于近代早期的西方，并在 19 世纪进一步深化，主要归功于工业发展带来的大规模城市化。到 20 世纪末，全球大部分人都受到了现代化的影响。

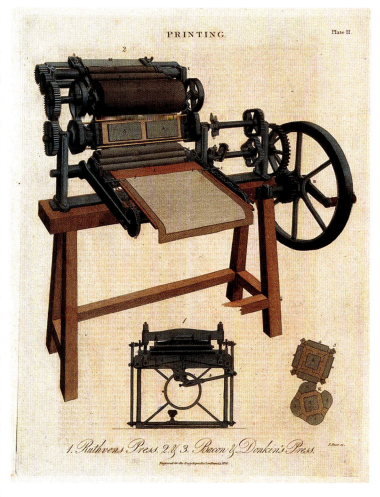

PRINTING.   Plate II.

1. Ruthvens Press. 2. & 3. Bacon & Donkin's Press.

Engraved for the Encyclopedia Londinensis 1816.

上图：印刷术的普及提高了大众的读写能力，并为宗教变革、政治运动和先进科学知识的传播提供了动力。

在南亚和撒哈拉以南非洲，现代化在逐步推进，但地区差异依然触目惊心。印度的经济增长非常迅速，但这个国家仍有大量文盲，实行种姓制度，并极度歧视女性。

从 19 世纪开始，曾经仅存于小说世界里的奇幻经历渐渐步入现实，比如太空旅行。小说情节仍然会引起人们的焦虑，但也蕴藏着时代的希望。创造新人造生命体的想法越发迫切。除了《大都会》（1927 年）和《终结者》（1984 年）等影片中的类人角色，还有《2001 太空漫游》（1968 年）中从人类手中夺取控制权的超级智能计算机，这些都成了人类的麻烦。进入 2010 年以来，人工智能的崛起成为许多人焦虑的根源，社交媒体上也充斥着人们对人工智能会破坏稳定的担忧。

罗纳德·里根在谈及 1989 年东欧剧变时曾评论："技术进步将使国

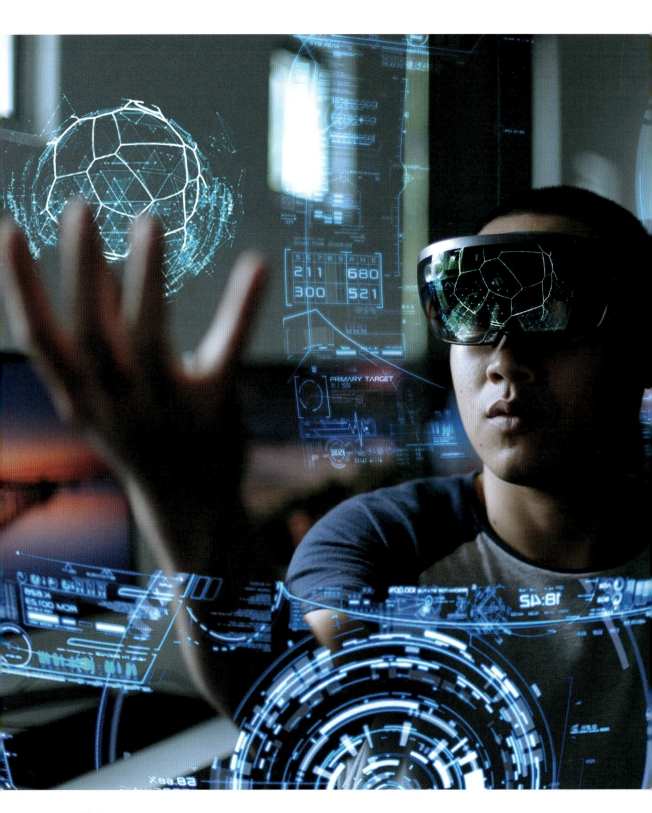

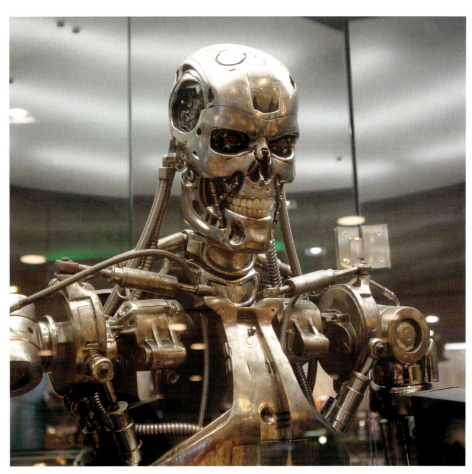

上图：《终结者》这类电影描述了人工智能的潜在危险。

左图：未来人类可能会使用科技强化大脑和身体，并因此开创与环境互动的新方式。

家越来越难以掌控民众接收到的信息。"不过，也正是由于技术进步，既有的政治、社会和经济忠诚与协调能够与迅速发展的联系和需求共存。

如果能通过植入、克隆或仍在发展中的技术实现机械与人体相结合，那么未来人类将拥有处理更多信息的能力，尽管这听起来很困难。20世纪提及的一些构想可能会实现，不过是以一种不同的形式。研究表明，人类的神经系统已经发生改变，大脑迅速适应了电子时代，就像曾经很快适应了印刷浪潮一样。不论是过去还是现在，人类环境的变化都带来了新的机遇和压力。人类必须学会适应，因为人口增长导致对资源和机会的需求也是压力之一，特别是这些机会和需求将出现在不同的地缘政治中。

人类将不得不适应快速变化的环境，气候变化也会带来重大挑战。不论是个人还是群体，全世界都将面临这一考验。获取充足的资源将会成为主要难题，但正确管理生态系统也同样重要，如此一来，对资源的索求才不至于酿成灾难。这必须在个人欲望和集体规范的取舍中找到平衡，但那绝非易事。理解、决策和执行等方面都可能出现问题。面对近在眼前且必将发生的重大问题，我们希望人类的聪明才智可以应对。

国际合作对这些问题的解决几乎没什么实质性帮助。自 1945 年起，人类在全球或地区层面寻求合作的尝试从未停止过，议题之广前所未有。不过，到目前为止，这项工作收效甚微。现状能否改变并不明朗，且难以预测。人类或许能把现存的问题解决掉，但也有可能会一直持续下去。

右图：太空可能是人类的下一个战场。气候变化、政治冲突和人口过剩等问题将继续存在，新的解决方案显现出前所未有的重要。

尾注

1　沙勒罗瓦，城市名，位于比利时南部的埃诺省。

2　纳斯卡线条，一种巨型的地上绘，绵延几公里的线条构成各种生动的图案，位于秘鲁南部的纳斯卡荒原。

3　人体所需维生素 D 的合成需要紫外线的刺激，浅白肤色更易于吸收微弱的紫外线，促进其合成。

4　地质时代，地质学专业术语，分为太古代、元古代、古生代、中生代和新生代五个时期。

5　最早的哺乳动物由似哺乳爬行动物中的兽孔目演化而来。

6　鼩鼱一种体形小巧、外貌有点像长鼻鼠的哺乳纲动物。

7　根据耐力跑捕食的狩猎假说，早期人类的速度不及其他动物，汗腺的发展允许人类凭耐力追逐无汗腺或汗腺不发达的猎物至其筋疲力尽，从而获取猎物。

8　人族，动物分类学的专有名词。根据动物分类学，人科分为猩猩亚科和人亚科，人族属人亚科类下，包括黑猩猩亚族和人亚族。下文提到的人属（Homo）为人亚族类下。

9　欧兰猿是在希腊发现的史前人科物种，属于人科下的猩猩亚科。它可能是人类和其他大猿的共同祖先，对此学界尚未有定论。

10　南方古猿粗壮种，现已被列入傍人属，称为罗百氏傍人或粗壮傍人。傍人属为人族类下，是双足行走的史前人科成员，可能由南方古猿演化而来。

11　南方古猿鲍氏种，现已被列入傍人属，称为鲍氏傍人。

12　一种石器打制技术，出现于旧石器时代，指从石块上打下石片并将其加工成一定形状的石器。

13　细石器出现于旧石器时代晚期，多数是为装备骨、木等复合工具的石刃而专门制作的。

14　该时期为冰河期内最后一次出现大规模冰盖扩张或者消退现象的时期。

15　位于西班牙卡斯蒂利亚－拉曼恰自治区的阿尔瓦塞特省。

16　阿杰尔高原，即阿杰尔的塔西利，意为"有河流经过的高原"，是撒哈拉沙漠边缘的一处高原。

17　安纳托利亚半岛，又名小亚细亚，是亚洲西南部的一个半岛。

18　斯基泰人，是公元前 8—前 3 世纪生活在中亚和南俄草原上印欧语系东伊朗语族的游牧民族，擅长养马。

19　河水的泛滥为土地带来一层肥沃的淤泥，是精耕农业得以发展的基础。

20　上埃及（Upper Egypt），指埃及南部地区，包括开罗南郊以南直到苏丹边境的尼罗河谷地，主要是农业区。埃及在地理上分为南部的上埃及（即河谷地区）和北部的下埃及（即三角洲地区）。

21　莎草纸，是古埃及人广泛采用的书写介质，它用当时盛产于尼罗河三角洲的纸莎草的茎制成。古埃及人创制了大量的纸草文献。

22　近东，早期近代西方地理学者以"近东"指邻近欧洲的"东方"，泛指地中海东部沿岸地区，包括非洲东北部和亚洲西南部，有时还包括巴尔干半岛。目前在国际上"近东"一词已比较少用，一般用在文明史上。

23　汉谟拉比颁布了《汉谟拉比法典》,在现代被誉为古代立法者。《汉谟拉比法典》是历史上第一部成文民法典，被认为是世界上最早的一部具有系统的法典，刻写于一块黑色的玄武岩上。

24 新亚述帝国，也称亚述帝国，是亚述历史的第三个时期，前两个阶段为早期亚述时期和中期亚述时期。

25 吠陀时代，雅利安人侵入印度后的史料主要保存在《吠陀》中，以及解释《吠陀》的《梵书》《森林书》《奥义书》和两部史诗中，故被称为吠陀时代。

26 中美洲，指包括墨西哥、危地马拉、萨尔瓦多、洪都拉斯和伯利兹等这些现代国家在内的区域。

27 疏林时代，也叫伍德兰期，指称公元前 11 世纪至公元 11 世纪之间美国中东部地区前哥伦布时期的古代印第安人文化。

28 迈锡尼文明（公元前 1600—前 1100 年）是希腊青铜时代晚期的文明，它由伯罗奔尼撒半岛的迈锡尼城而得名。

29 儒略历是由罗马共和国独裁官尤利乌斯·恺撒采纳数学家兼天文学家索西琴尼的计算后，于公元前 45 年 1 月 1 日起执行的取代旧罗马历法的一种历法。

30 阿兹特克太阳石，也叫阿兹特克历法石。是一块直径 3.65 米、重 25 吨的巨型圆石，中心是太阳神的浮雕，虎、水、风和火围绕在四周，上面刻有阿兹特克的历法。

31 德尔斐是一处重要的"泛希腊圣地"，即所有古希腊城邦共同的圣地。这里主要供奉着"德尔斐的阿波罗"，著名的德尔斐神谕就在这里颁布。

32 库迈是古希腊在意大利本土的第一个殖民地。

33 羁縻政策，指一边用军事和政治手段加以控制，一边以经济利益给予抚慰的地方统治政策，始于秦汉。

34 "放羊式"管理，指权力下放的管理方法。

35 大宛，古代中亚国名，位于帕米尔高原的西麓，今乌兹别克斯坦的费尔干纳盆地一带。

36 滇国（公元前 278—前 109 年），是中国西南边疆古代少数民族的部落，疆域主要在以滇池为中心的云南中部及东部地区。

37 萨赫勒是非洲北部撒哈拉沙漠和中部苏丹草原地区之间的一条长超过 3,800 千米的地带，从西部大西洋伸延到东部非洲之角。

38 萨迪斯，吕底亚王国的首都。

39 印度次大陆，包括印度和南亚在内的地区。由于其受喜马拉雅山的阻隔，形成了一个相对独立的地理单元，但面积又小于通常意义上的洲，所以称为次大陆。因为印度和巴基斯坦是南亚的主要大国，也被称为南亚次大陆或印巴次大陆。

40 指屋大维、马克·安东尼和雷必达三人，史称"后三头同盟"。

41 南方大陆，最早由亚里士多德提出，并由托勒密进一步扩展，他相信印度洋就位于南方大陆的附近，因为这样才能与北半球的大陆达成平衡。

42 白匈人，一般指嚈哒，是古代生活在欧亚大陆的游牧民族。

43 新英格兰，位于美国本土的东北部地区，濒临大西洋、毗邻加拿大的区域。

44 拜占庭帝国（即东罗马帝国）灭亡后，莫斯科大公伊凡三世迎娶了拜占庭帝国末代皇帝的侄女索菲娅公主，宣布成为东正教的保护人。

45 法兰克王国被一分为三，查理曼的三个孙子各自为王。东法兰克王国成了以后的德意志，西法兰克王国成了以后的法兰西，东、西之间的地区则成了以后的意大利。

46　此处指神圣罗马帝国,即德意志第一帝国（962—1806 年）,1157 年改名为神圣罗马帝国,前身是东法兰克王国。

47　哥伦布错将发现的美洲大陆当成了印度。

48　汉萨同盟是德意志北部城市之间形成的商业、政治联盟,于 13 世纪逐渐形成, 14 世纪达到兴盛, 加盟城市最多时达到 160 个。

49　毗诃罗即僧院、精舍之意。梵语原义指散步或场所, 后来转为指佛教或耆那教僧侣的住处。

50　圣塞巴斯蒂安（256—288 年）, 天主教圣徒, 在公元 3 世纪基督教遭迫害时期, 被罗马皇帝戴克里先杀害, 后被尊为圣人。

51　"小冰河期" 指的是相对而言较冷的时期, 始于 13 世纪, 在 17 世纪达到巅峰。地球气温大幅度下降, 使全球粮食大幅度减产, 但比主要毁灭大量动植物生命的冰期要暖和。

52　墨卡托投影, 是一种正轴等角圆柱投影, 由荷兰地图学家墨卡托于 1569 年创立, 在地图投影方法中影响最大。

53　新教, 亦称基督新教, 与天主教、东正教并称为基督教三大流派。

54　三十年战争, 是由神圣罗马帝国的内战演变而成的一次大规模的欧洲国家混战, 也是历史上第一次全欧洲大战。这场战争是欧洲各国争夺利益、树立霸权的矛盾以及宗教纠纷激化的产物。

55　此处指英国胜利后, 与法国和西班牙等国签署了《巴黎条约》。

56　旧西北部, 指美国独立以前的西北领地, 包括今美国中西部。美国地理上的西北部一般称为太平洋西北地区。

57　维也纳会议是一次欧洲列强的外交会议, 目的在于重新划分拿破仑战败后的欧洲政治地图。

58　地缘政治, 是政治地理学说中的一种理论, 将地理因素视为影响甚至决定国家政治行为的一个基本因素。

59　风洞, 即风洞实验室, 是以人工的方式产生并且控制气流, 用来模拟飞行器或实体周围气体的流动情况, 是进行空气动力实验最常用、最有效的工具之一。

60　人民阵线, 是欧洲反法西斯政党联盟。在西班牙, 是由西班牙共产党、马克思主义工人党、工人联盟、巴斯克人、加泰罗尼亚人和无政府主义分子等组成的。

61　闪电战, 是一种充分利用飞机、坦克和机械化部队的快捷优势, 以突然袭击的方式制敌取胜的战术。此战术对后勤依赖性非常高, 一旦汽油和弹药及粮食供应不上, 就会遭遇失败。

62　相互保证毁灭, 是指对立的两方中如果有一方全面使用核武器, 则两方都会被毁灭, 被称为 "恐怖平衡"。

63　指尼赫鲁的女儿英迪拉·甘地出任印度总理期间。

64　滴滴涕, 即二氯二苯三氯乙烷（Dichlorodiphenyltrichloroethane, 俗称 DDT）, 是世界上最知名的杀虫剂, 一度被视为灵药, 但由于它对环境造成的长久性污染, 一直备受争议, 目前已被禁用。

65　酸沉降,指大气中的酸性物质以降水的形式或者在气流作用下迁移到地面的过程, 包括"湿沉降"和"干沉降", 酸雨就属于湿沉降。

66　碳汇, 是指通过植树造林、森林管理和植被恢复等措施减少大气中温室气体浓度的过程、活动或机制。

67　美国的阳光地带, 这一概念出现于 20 世纪 70 年代, 一般指北纬 30°以南的地区, 大致范围是: 西起太平洋沿岸的加利福尼亚州，东到大西洋沿岸的北卡罗来纳州，北至密西西比河中游，南到墨西哥沿岸的一个区域。早期因其低廉的房价、丰富的能源和农业资源吸引了大量的人口迁入，从而形成了美国三大工业区之一的南方工业区。

68　在牛顿的时空观中，时间和空间是彼此独立且绝对的存在；爱因斯坦彻底革新了人类的时空观，指出时间和空间的三个维度是紧密联系在一起的，而且时空并非绝对的，是可以弯曲的。

被人类改变和改变人类的10万年：
图说史前时代到21世纪

[英] 杰里米·布莱克 著

王喆 骆怡然 译

图书在版编目（CIP）数据

被人类改变和改变人类的 10 万年：图说史前时代到 21 世纪 /（英）杰里米·布莱克著；王喆，骆怡然译 . — 北京：北京联合出版公司，2019.9
ISBN 978-7-5596-3453-5

Ⅰ . ①被… Ⅱ . ①杰… ②王… ③骆… Ⅲ . ①世界史—通俗读物 Ⅳ . ① K109

中国版本图书馆 CIP 数据核字 (2019) 第 154838 号

A HISTORY OF THE WORLD
From prehistory to the 21ˢᵗ Century

By Jeremy Black

北京市版权局著作权合同登记号 图字:01-2019-5124 号

选题策划	联合天际·王 微	
责任编辑	孙志文	
特约编辑	谭秀丽	
美术编辑	王颖会　梁全新	
封面设计	@ 吾然设计工作室	

关注未读好书

出　版	北京联合出版公司
	北京市西城区德外大街 83 号楼 9 层 100088
发　行	北京联合天畅文化传播公司
印　刷	北京利丰雅高长城印刷有限公司
经　销	新华书店
字　数	331 千字
开　本	787 毫米 × 1092 毫米 1/16　16 印张
版　次	2019 年 9 月第 1 版　2019 年 9 月第 1 次印刷
ISBN	978-7-5596-3453-5
定　价	138.00 元

未读 CLUB
会员服务平台